门店销售冠军复制系统

打造人人高业绩门店

王吉坤◎著

中华工商联合出版社

图书在版编目（CIP）数据

门店销售冠军复制系统：打造人人高业绩门店 / 王吉坤著. -- 北京：中华工商联合出版社，2020.4
ISBN 978-7-5158-2749-0

Ⅰ.①门… Ⅱ.①王… Ⅲ.①商店－商业管理 Ⅳ.①F717

中国版本图书馆 CIP 数据核字（2020）第 038980 号

门店销售冠军复制系统：打造人人高业绩门店

作　　者：王吉坤
责任编辑：魏鸿鸣　林　立
责任审读：郭敬梅
封面设计：仙　境
责任印制：迈致红
出版发行：中华工商联合出版社有限责任公司
印　　刷：河北宝昌佳彩印刷有限公司
版　　次：2020 年 5 月第 1 版
印　　次：2020 年 5 月第 1 次印刷
开　　本：710mm×1000mm　1/16
字　　数：200 千字
印　　张：13.75
书　　号：ISBN 978-7-5158-2749-0
定　　价：68.00 元

服务热线：010－58301130
团购热线：010－58302813
地址邮编：北京市西城区西环广场 A 座
19－20 层，100044
http：//www.chgslcbs.cn
E-mail：cicap1202@sina.com（营销中心）
E-mail：gslzbs@sina.com（总编室）

导读

这本书是我和醒客堂团队历时11年研发并验证了的企业内生力建设方法论，聚焦于门店型企业。本书是专门为初具规模、想要进行批量裂变的连锁门店企业撰写的系统工具书，应用本书的方法，读者可以在建设自己的销冠培养体系中，短期内实现业绩大幅持续增长。同时，打造企业主导权，建设内生的高业绩连锁门店批量复制能力！

本书的特色如下：

（1）站在企业整体高度思考

书中很多内容是关于销冠的，但这本书不是给销冠看的，而是给门店企业的总裁、高管看的！企业把命运交给某些核心骨干，企业就必然受制于他们，这是很多企业面临销冠讲条件、坏规则等问题的根源。门店企业只有自己掌控业绩的来源才能掌控自己的命运。掌控命运的方法就是建设系统，打造批量复制销冠并有效管控的能力。

（2）针对性强

本书针对门店企业发展的第一阶段：打造业绩的可复制阶段。如果企业规模超过了这个范围，在掌握了本书的内容之外，还要掌握内生门店裂变、内生城市裂变等级别的系统工具。

（3）系统实战

本书所描述的现状都是该级别连锁企业的常见问题，本书所提供的方法、工具都是在这个级别的企业批量验证的！

本书提供了醒客堂为客户咨询服务所用的全套系统工具。这些工具相互支撑，缺一不可。本书不仅提供了大量的实战工具，还进行了详细解析和案例解读。

（4）阅读轻松

本书尽量使用轻松的行文风格，用生活化的语言解释专业的系统工具名称。

全书分为四大部分：

第一章、第二章为第一部分，系统分析了门店企业面临的问题及其根源，并提出了解决方法，即醒客堂原创的系统模式：内生销冠系统，打造系统，让普通员工创造销冠业绩。

第三章、第四章、第五章为第二部分，分享了企业该如何建设系统，把普通销售培养成销冠，这是内生销冠系统的标准和能力部分。

很多企业家也投入了大量时间、资源培养人才，但并不得法。事实上，只有建设内部人才培养机制，才能批量复制自己想要的人才！

第六章、第七章为第三部分，讲解了如何有效地管控销冠，保障其持续地创造卓越业绩。该部分提供了该系统推力部分。

三天不练手生！一旦员工习惯于不动脑的销售，销冠也会变得平庸！企业只有不断推动销冠做得更好，才能让其持续创造卓越业绩！

最后一章为第四部分，讲解了如何持续激励员工，这是内生销冠系统的动力部分。

把动力放到最后，是特别提醒企业家不要过于依赖物质激励。大部分物质激励的效果都是短期的。只有企业在为员工提供了标准、能力、推力的基础上，给员工充分的持续动力，员工才能真正以企业为家！

持续动力的来源在于长短结合的激励模式。

捷径，是世上最难走的路

很多企业家问我，管理有没有捷径可走，这么一步一步地走太辛苦了！我通常会告诉他，基于我对国内外企业的了解，还没发现哪个企业是通过走捷径持续成功的！

走捷径，就是不去付出应该付出的努力，通过简单、轻松的方式迅速取得理想结果。

走一次捷径是幸运，事事寻求捷径就是灾难！对于企业家而言，尤其如此。

中国经济几十年的持续快速发展，让多数企业习惯了简单、轻松地赚钱、成功。多数同行业企业水平都差不多，谁也没比谁强多少！

今天，大环境不再那么优越了，躺着赚钱的方式不适用了！很多企业家感受到了巨大的痛苦和压力，于是希望通过改革改变现状，重塑往昔的成功与辉煌！

遗憾的是，尝试者多，成功者寡！

很多企业家走捷径的习惯已经根深蒂固！面对改革，很多企业家希望“一拳砸出一眼井”：改革收益越大越好、越快越好，改革投入越小越好、操作越简单越好！于是，“股权激励”“商业模式”一类表面看起来简单、速效的方法大行于世！

我们试想下：你能花钱做这些简单、速效的改革，对手看到了效果，会不会也花钱做同样的改革？大家都取得同样的结果，这种改革还有用吗？

做企业，一定要记住这句话：不求速效！速效的往往是暂时有效的，扎实地打基本功才能持久！抄捷径绕过的坑都是要回头付出高昂的代价来填的！

企业经营出现危机，用速效的方式应急可以，但要寻求企业持续健康发展，本质改善企业管理体系、打造企业核心竞争力才是王道！

企业有了核心竞争力，才可以持续创造差异化的优势服务或产品，才可以赢得客户的高度满意与忠诚，才可以实现高成交、高客单价的理想业绩！

捷径永远不可能创造出“持续差异化优势”！

创造“持续差异化优势”，就要打破企业，尤其是企业家和管理团队现有的工作方式与习惯，要求大家严格约束自己，本质改善工作品质。

这是一个与自己的懒惰、悲观、自私、短见做斗争的过程，这条路没有捷径可走！

很多企业家为了企业的发展，愿意去约束自我，改善自我。但只有少数有大局观的管理团队真心支持改革，更多的人在观望甚至排斥！很多管理者在改革过程中经常向企业家倾诉或抱怨：某某方案根本不现实！某某投入根本不值得！某某要求根本没人能做到！某某企业只给员工激励就达成了理想的结果……总而言之，他们理想的改革既要给他们足够的利益，又不能给他们任何的压力和要求！

这个时候往往是企业家事业成败的分水岭！

企业家即使坚持做一个孤独的斗士，改革也未必会成功；但如果企业家不愿意做一个执拗的斗士，改革就注定要失败！这就是我们常说的：不改革等死，改革找死！

你会怎么选择？

不要去幻想大环境会自动变好！不要去幻想维持现状会带来转机！不要幻想用一些速效的方法能彻底解决问题！企业的成功没有捷径！

主动出击，然后，置之死地而后生！这才是我们唯一的出路！

企业家要主动推动改革，执行改革，管控改革。无论多难，都要“咬定青山不放松”，不达目的不罢休。

当企业家具备了这样的决心和气势，改革的成功只是方法和时间的问题。

醒客堂是一家帮助企业扎扎实实打造硬功夫的咨询机构！本书是帮助企业扎扎实实打造硬功夫的书！

这本书中没有“一天创造一年业绩”的神奇妙招，只有醒客堂帮助企业改善管理系统，打造竞争力的方法和工具。本书把这套工具毫无保留地分享给大家，希望能给门店企业的改革提供系统的助力。

在这里要特别感谢多年来陪伴醒客堂一路成长的客户们，基于你们的信任和共同的努力，企业才能真正发生改变，醒客堂的方法论也才能越来越成熟，我们成为彼此成就的伙伴。向你们深深致谢！

也要感谢醒客堂的团队，在项目服务过程中扎实严谨却又不失灵活地践行我们的方法论，给企业提供了多方位的支持，体现着新一代管理咨询人的专业与创新精神。

今年是我从事咨询行业的第十四个年头了，这 14 年里，我见到了太多民营企业的兴衰成败，见过很多企业家人前风光的傲娇模样，也见过他们人后惆怅的无奈窘状。说实话，我挺心疼他们的。

研究这么多年管理，做了这么多年咨询，每年能接的案子再去深度服务的企业数量很有限，我也在思索，到底怎样才能帮助更多的企业，所以从三四年前就想用书的形式和更多的企业家有一个交流，能在企业发展的路上尽一份绵薄之力，奈何一直没有时间，所以一拖再拖，直到今天书终于要出版了。

在此，特别感谢博瑞森的认可和大力支持，这本书才得以问世！

目录
Contents

第一章　内忧外患，门店企业路在何方

第一节　门店经营困局 / 003

（一）门店企业经营现状 / 003

（二）追求速效——企业家正在自毁前程 / 005

第二节　建设系统，打造增长闭环，是门店企业唯一的出路 / 012

（一）业绩持续增长闭环 / 012

（二）“野生”销冠的危害 / 014

（三）内生业绩裂变系统对企业的价值 / 017

第二章　内生业绩裂变系统

第一节　销冠与普通员工的核心差异是什么 / 023

（一）从案例看销冠捕捉客户需求的能力 / 023

（二）普通销售人员存在哪些问题 / 025

（三）找到最核心的差异点：思维 / 026

第二节　批量打造销冠需要企业自己培养 / 027

（一）普通销售人员不可能靠自己成长为销冠 / 027

（二）普通销售人员学坏容易学好难 / 028

（三）企业必须依靠自己培养销冠 / 029

（四）培养人根本上就是改变人性 / 031

第三节　打造一个系统 / 033
（一）什么是内生业绩裂变系统 / 033
（二）制定一百分的销冠标准 / 034
（三）建设自己的销冠能力培养系统 / 036
（四）给员工的推力系统 / 037
（五）给员工的动力系统 / 038

第三章　销冠孵化器：一个月把普通销售人员打造成销冠

第一节　销冠思维习惯植入系统 / 044
（一）企业现有培训效果不佳 / 044
（二）销冠孵化器——销冠思维习惯植入系统 / 047
第二节　傻瓜化的销冠思维工具系统 / 049
（一）一百分的销冠能力标准 / 049
（二）一百分标准转化为傻瓜化工具系统 / 053
第三节　销冠思维习惯植入方法 / 063
（一）习惯认知阶段 / 064
（二）习惯建立阶段 / 064
（三）习惯固化阶段 / 068
（四）习惯落地 / 069

第四章　销冠孵化核心工具操作要点

第一节　培训课程设计 / 075
（一）培训课程设计的万金油——大师的逻辑 / 076
（二）培训课程设计的操作要点 / 079
第二节　情景模拟与销售复盘 / 083
（一）企业现有模拟训练的问题 / 083
（二）模拟训练的科学方法 / 085
（三）情景模拟的操作要点 / 086
（四）销售复盘的操作要点 / 091

第五章　新员工的销冠入模

第一节　入职培训是打造销冠的核心环节 / 095

第二节　基于淘汰制的入职实训营 / 099

（一）入职实训营的核心原理 / 099

（二）入职实训营的四个阶段 / 101

第三节　案例：一家汽车4S店的入职实训营 / 103

（一）第1天至第3天：基本素质考核 / 103

（二）第4天至第7天：学习能力考核 / 106

（三）第8天至第15天：业务能力考核 / 107

（四）第16天至第30天：实战检验 / 109

第六章　推力系统：在成为销冠的路上持续精进

第一节　工具：数字化业绩改善会 / 116

（一）门店型企业会议的常见问题 / 116

（二）业绩改善会的目的拆解 / 119

（三）什么是数字化业绩改善会 / 121

（四）数字化业绩改善会流程 / 123

（五）数字化业绩改善会的好处 / 128

第二节　周工作计划总结表
——一张表实现全员持续每天进行本质改善 / 130

（一）没有工具就无法落地 / 130

（二）管理改善实用工具——周工作计划总结表 / 132

（三）周工作计划总结表的操作规范 / 134

第七章　推力巩固：管理者推进改善落地

第一节　改善型管理团队建设 / 145

（一）一般管理者仅是维持型管理者 / 145

（二）打造改善型管理团队的方法 / 149

（三）打造改善型管理团队的具体操作步骤 / 150

第二节　改善执行力建设 / 155
（一）执行力不佳不能怪员工 / 155
（二）基于数字化业绩改善会的执行管控系统 / 157

第八章　动力系统：长短结合的激励模式
第一节　长短结合的激励模式 / 168
（一）只有物质激励的效果不理想 / 168
（二）什么是长短结合的激励模式 / 169
（三）长短结合的激励模式操作要点 / 172
第二节　合理的薪酬设计 / 174
（一）高绩效、高回报、高压力的核心原则 / 174
（二）薪酬设计的落地三步骤 / 176
第三节　职业发展与事业平台激励
——让员工真正把企业当家 / 184
（一）真正实现职业可发展 / 184
（二）员工职业发展的核心支撑系统——内训人才升级模式 / 186
（三）内训人才升级模式操作要点 / 189

第一章

内忧外患，门店企业路在何方

今天的门店企业内忧外患，发展异常艰难。

很多门店企业家为了应对眼前危机，选择了速效的改善方法，结果饮鸩止渴，隐患颇多。

为了从根本上解决问题，企业必须放弃追求速效的侥幸心理，扎扎实实打造企业管理系统，让每个员工都能实现“引流、成交、复购、分享”的业绩增长闭环，创造销冠业绩，实现企业的长效业绩改善。

内生业绩裂变系统就是专门针对门店企业现状设计的、能批量复制并有效管控销冠的长效业绩改善系统。

第一节　门店经营困局

（一）门店企业经营现状

门店经营越来越难，这是所有人的共识。我们说今天的大环境不好，应该很少有人提出反对意见。企业经营压力越来越大、越来越不赚钱，甚至有很多老板感觉企业正处在生死边缘或者已经濒临破产。用“内忧外患”来概括门店型企业的现状恰如其分。具体说来，外敌入侵、内乱不断、投入增加、收入锐减。如图 1－1 所示。

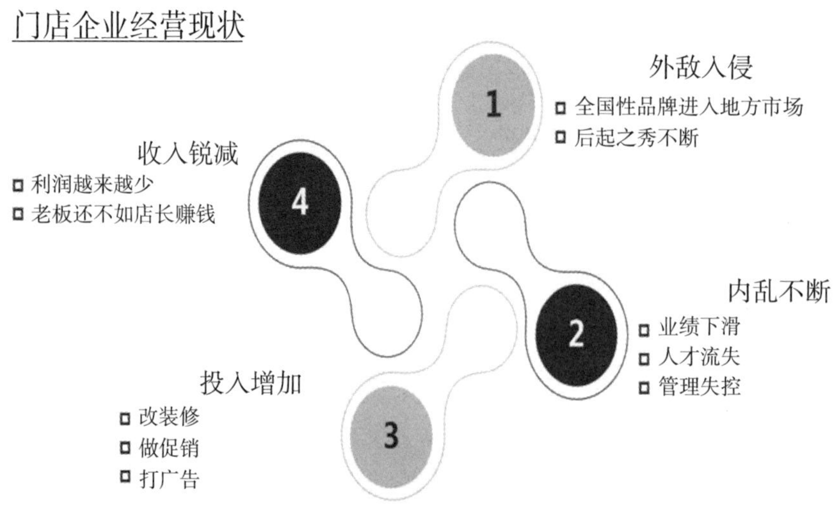

图 1－1　门店企业经营现状

1. 外敌入侵

我们发现所处行业越来越成熟，这意味着竞争对手越来越强大，全国性品牌轻易就能进入并强势主导竞争，后起之秀、跨界竞争也屡见不鲜。

华鹤木门是黑龙江知名品牌，掌握全套木门生产技术及生产工艺，从材料到工艺都有严格的控制，在市场上有非常好的口碑。然而，2017 年 3 月它被一家主要经营定制衣柜的全国性品牌——索菲亚收购。

索菲亚在收购华鹤木门前，实木产品生产工艺成熟度有限，在东北地区没有生产基地，处于相对弱势地位，但是收购华鹤木门后，就发生了质的变化。不但生产工艺成熟，而且本地生产运输、交货周期、售后服务非常便捷；再加上自己原有的全国性品牌优势，索菲亚对东北地区的实木产品的生产企业造成极大的威胁，很多地区品牌企业面临倒闭的危机。

2. 内乱不断

当企业达到一定规模时，你又会发现对企业的控制越来越力不从心，员工工作热情不高、满腹牢骚、执行力差，简单的错误重复犯，还觉得自己满身本事，不停地跟企业讲条件。招新人，又发现招个“好人”太难，培养个“好人”更是难上加难，终于出现了一个“好人”，刚松口气，但没多久，那个“好人”也说：“老板，我要涨工资。”

人才流失、管理失控，直接导致业绩下滑，让竞争压力巨大的企业雪上加霜。

3. 投入增加

面对内忧外患，想迫切改变这个局面，绝大多数企业想各种办法吸引客户，试图抢回被夺走的市场份额。于是就有了增加投入打广告、牺牲利润做促销，或者改造升级重新装修店面。为了提高业绩，你又重金投入去改善，而这些举措又给企业带来了更大的经济压力，本来就不赚钱，竞争对手又很强大，业绩压力也越来越大，而你又增加了投入成本，必然就会看到利润断崖式下跌。

4. 收入锐减

全国性品牌入侵使你失去了属于自己的市场份额；后起之秀兴起夺走了你的客户；内部管理失控让你徒增管理成本；人才流失让你失去了业绩突出的优秀员工；为了夺回失去的份额，你又在市场竞争中重金血拼。业绩持续大幅下跌，企业收入锐减，请问你的钱袋子还受得了吗？在竞争对手面前还有多少竞争力？少进多出，你不得不想自己到底还能支撑多久？难道就这样黯然退出？

（二）追求速效——企业家正在自毁前程

面对上述状况，企业家内心极其焦躁，希望能迅速改善企业现状。基于企业的现实需求和内心的焦虑，很多企业家选择了速效的改善方法。残酷的是，一段时间后大家发现，企业现状非但没有改善，情况变得更糟。我们把这些改善方法总结为“业绩改善的四大不靠谱”。

1. 打促销

企业处境堪忧，老板内心焦急只想立竿见影，于是就搞促销，请人来做爆破，清仓甩卖，给予大力度的折扣。事实上，促销是锦上添花而不是雪中送炭：在为客户创造独有价值的前提下，通过促销让更多的客户来你这里体验产品或者服务，认可并成为你的忠实粉丝。但大部分企业不具备这个能力，做促销就是损失利润、透支客流。我们在做促销，竞争对手也不会坐以待毙，同样也在做促销。所以，这种促销没有提升业绩，反倒演变成价格战。

促销就要牺牲一部分利润，虽然销售额可能会提升，但是收入的增加微乎其微，甚至是下降的。本质上，促销是一种消耗战，杀敌一千自损八百，甚至可能杀敌八百自损一千。“3·15”等节日是促销战最激烈的时候，我敢肯定你在制定促销策略前已经派出多支侦查队伍去探查竞争对手的促销政策，然后研究自己的促销策略。同样，对方也是一样的步骤。这就形成了这样的局面——你的折扣力度大，我比你更大，而且我的赠品更多、更好。最后一场促销下来，为了冲量大家都没得赚，只不过是表面风光罢了。

我的客户要在4月19日做联盟爆破活动，当听完第三方爆破老师讲的基本操作后，其中有一位企业家就问：“老师，我这次爆破投入这么多钱，你能不能保证我这次不再亏钱了?”这个老师就有些尴尬，他并没有直接回答，只是含含糊糊地说这次客流会很大的。

这位老师非常清楚此次活动是要在“五一”抢夺销量，也知道现在竞争很激烈，客户来了不见得会成交；即便是成交了，因为折扣力度、成本等也不能保证核算之后是赚钱的。所以，他并不能保证此次活动肯定赚钱。你再想想：到了“十一”做活动就一定能赚钱吗?所以，促销战现在已经成了一个互相之间拉锯性的消耗战。如果你想要靠促销战打赢，那就是拼体格，谁能挺到最后谁就能赢，说白了就是比谁更有实力、更有钱，靠血拼把对方耗死。所以，靠促销活动来提升业绩是不靠谱的。

不过做促销是有用的，但是我们要清楚怎么做才有用。当企业具备明显的竞争优势，比如品质、性能或者性价比具有绝对优势，为了让更多的消费者知道自己的产品并试用，试过之后认可自己的产品，不会再从竞争对手那里购买。这种做促销就很有用，比如食品试吃，消费者试吃发现味道特别好，以后就买这家的产品了。能让消费者做出这种决策，这个促销活动就是有价值的。所以，促销只有在你的产品或者服务具备绝对竞争优势的前提下，来做主动的推广性促销才是有价值的。反之，你只是在被动地应对价格战，是饮鸩止渴，绝对不建议去做。如表 1－1 所示。

表 1－1　促销类型

促销类型	促销目的	常见结果
被迫促销	处理库存	透支利润，盘活资金
	应对同行促销战	透支利润赚吆喝
主动促销	推广性促销	让消费者体验产品或服务，转化为忠诚消费者

2. 搞激励

考虑到人是影响业绩最大的因素，员工有干劲儿，业绩就会提高。于是，你开始采用激励的方法，虽然企业家有这样的意识对管理来说前进了一步，只不过这一步还太小，无法形成核心优势。因为你会发现搞激励也有同样的弊端。

首先，搞激励有效周期太短，一个人原来挣 5000 元，现在赚 1 万元，他两三个月都很感激你，但是再过几个月，他就会认为这是常态，是应得的；两三年之后，激励的作用就消失了，一旦他拿不到这些钱或者依然是这些钱，他还会出现负面情绪，认为企业亏待他，老板不给他涨工资，于是开始抱怨、懈怠。

有个客户做女鞋销售，采用可分红的品牌经理制，在年底分红的时候就出现了强烈的反差。品牌经理中有一位原来是库工，工作能吃苦，与同事相处融洽，服务客户贴心周到。内部竞聘时，他竞聘成功，从月薪 4000 元的库工变成了年底分红可能会分到二十几万元的品牌经理，所以他全力以赴地工作。到了年底，在总经理的办公室他得到了 11.7 万元的分红，他双手捧着钱深鞠一躬说“谢谢老板”，然后倒退一步再深鞠一躬说“谢谢老板”，他直至退出办公室都没有转身背对着老板，感激之情无以言表。我的客户就非常有成就感地说：“我觉得我做了一件好事儿。”

另一个品牌经理去领分红的时候就让我的客户有了巨大的落差。这位做了8年的品牌经理分到了24万元，但是没想到他掂了掂那一兜钱，感觉下分量，从他的表情上看出还是比较满意的。“嗯，这个重量还不错。”然后单手提着钱转身就走，临出门前才想起来，扭头很随意地跟老板说了一句“走了啊”。我的客户就很生气地说：“我给他24万元分红，连句谢谢都换不回来。”

同样是拿分红，拿得少的感恩戴德，拿得多的反而没感觉，就是因为当他每年都拿差不多钱的时候认为这是正常的。所以，激励是有周期的，当你给员工一个相应的收益，他会很开心，但是随着时间推移就会淡化，渐渐地不满足。原因就是员工的收入持续增加是一种刚性需求，必须持续增加他的收益。但员工只是在同一个岗位上，收益持续增加是损害企业利益的。那么要想合理地实现员工收益持续增加，我们就要培养他，给他更大的发展空间和平台，当他能力增强、岗位提升了，收益增加顺理成章，企业效益也因此更好。

早在1994年美国管理学家詹姆斯·柯林斯和杰里·波拉斯出版的《基业长青》中就有研究，他们从全球500强企业中选取了11个长盛不衰的企业，用6年的时间研究了它们的成功经验并得出结论，这些企业业绩一直很好，但是总薪酬相对于没有长盛不衰的对标企业来说反而工资是低的。也就是说，长期持续业绩好的企业薪酬低，没有持续业绩好的企业反而薪酬高。

其中的道理就是薪酬是个固定的标准，薪级像爬楼梯一样，楼层高度是固定的，所有人沿着台阶往上爬。决定员工在企业能得到多少薪酬，一个是薪酬体系的设计，另一个核心的变量就是升级的速度。假如你的部门经理薪酬是6000元，竞争对手的是5000元，但是对方在工作两年之后会成长为总监，就能得到1万元，而在你的公司做了10年没有任何成长依然还是部门经理，可以肯定的是一个有发展潜力的人更愿意现在拿5000元，用两年的时间赚到1万元，而不会选择在你这连续多年只拿6000元。**真正优秀的企业并不依靠薪酬比竞争对手高来使员工更稳定，而是在薪酬体系的基础上强化培养员工，然后形成良好的竞争机制从而去提高人才的稳定性和忠诚度。**

因此，优秀的企业并没有多付出超过员工能力的薪酬，但员工的业绩却更好。优秀的企业关注的是人才能力的改善；普通的企业才去关注人员心态的变化。你不断地靠增加员工的收益去维持他的心态，到激励不动的时候，他的收益已经明显超出这个岗位应有的收益时，你又该怎么办呢？更何况原有的业绩就是靠员工状态创造的，状态一旦不好，业绩就会瞬间跌落，形成恶性循环。所以，靠激励解决员工的业绩问题，本身就是一个不靠谱的方法。如表1－2所示。

表1－2　过分依赖员工意愿的弊端

序号	弊端	详解
1	意愿的改善对绩效的影响较小	能力20分的员工付出120%的努力，也只能创造出24分的绩效；能力70分的员工付出70%的努力，就可以创造49分的业绩
2	意愿的改善力度需要持续加大	涨工资可以让员工兴奋一段时间，之后就归于平静，不能持续涨工资，员工可能就不舒服了。这样的激励方式是个无底洞，总有企业承受不了的一天
3	意愿的变化周期太短	员工经常上一分钟还很开心积极，下一分钟可能就不那么投入了。每天必须不停地激励才行，弄得企业上下都很疲劳
4	一旦业绩出现问题就陷入恶性循环	大部分员工在业绩出现问题时不会反思自身，而是找其他人的问题。不直接出业绩的部门本来看着业绩部门赚钱就不舒服，业绩部门一埋怨就更不舒服，导致客户服务出问题，耽误业绩，业绩部门更不舒服……

3. 请能人

高薪聘请一位在知名企业业绩不错的职业经理人，希望他能够复制原有企业的辉煌。但大多数优秀的企业是靠有一个非常完善的系统来运营的，而不是靠某个人来成就企业的辉煌。因此，有“大企业的将好做，小企业的帅难当”的说法。因为企业管理混乱，已经习惯完善系统的职业经理人发现这里到处都是障碍，他所想象的理想业务模式在这里根本就不存在，他必须先完善业务模式和管理模式，然后再进行运营。

但他是高管，不能直接做基础的一线业务，只能安排部门经理去执行他的决策。但是这些部门经理都是跟老板一起打拼多年的元老，他们除了老板谁的话也不听，突然来个人对他们指手画脚，他们绝对不可能去认真执行，还要想各种办法逃避任务。如果只是一个人去和这个能人斗争，肯定是斗不过的，这些部门经理就会联合起来与之斗争。请来的能人看到企业有很多不合理的地方，通常会抱怨企业不规范，指责下属的工作专业度和投入度低。

这个能人很难将政策落地，最后的结果无外乎两个：要么能人被老员工联合起来逼走；要么能人发现斗不过这些老员工就和他们融合到一起。但是老板坐不住了，业绩没有任何改变，高薪聘请能人来干什么？最终，这个能人还得在企业消失。所以，请一个能人来改善企业的成功率几乎为零。如表1－3所示。

表1－3　能人在企业的作用

优点	带来新鲜的管理理念和模式
缺点	1. 模式无法落地 2. 造成新的内部斗争和改革阵痛 3. 损伤老员工的忠诚度和对改革的信心

4. 玩模式

越来越多的企业加入了研究新模式的阵营，感觉创造出一个新模式是非常容易的事情。事实上恰恰相反，我有这样的经历。因为醒客堂是一个颠覆者，要在行业里创造自己的模式，首先要确定产品。我们就用了8年的时间做基础的技术研发，然后又用了两年的时间做产品研发。也就是说，为了有产品能实现新模式就用了10年的时间，创造模式都是长期的研磨，没有短期的方式。然而，很多民营企业都是用短期的方式，比如调整一种利益分配的机制，或者调整一种交易的方式，以为创造了一个新模式，实际上并不是。真正的新模式必须在核心点有对应的核心竞争优势的支撑，而这种核心竞争力的建设和积累是一个长期的过程，如果没有这样的支撑，这个模式就是个噱头。相当于没有内功，只有表面的套路，没有实用价值，在用它打击竞争对手的时候，既没有爆发力又没有伤害性。

我们看到非常多的企业家自称创造了一个新模式，在经过一两年的验证后，发现这个模式基本没用，所以要想在短时间内创造出一个新模式来快速改善业绩不太可能。如表1－4所示。

表1－4　有效的模式与无效的模式

有效的模式	无效的模式
内有系统的差异化客户价值创造模式， 外有科学的包装和推广	概念、噱头、新鲜点子

这些方法的共同特征就是两个字“速效”。但只追求速效往往是在葬送企业的未来！

请各位企业家认真思考一下，在市场竞争惨烈的环境下，如果其中一个企业找到了速效的方法，应用以后能迅速改善业绩，那么其他企业能不能知道这个方法？知道以后用不用这个方法？如果行业内的所有企业都应用了这个速效的方法，在市场总容量没有变化的情况下，哪个企业的业绩会真的增长？

事实上，行业内每个企业都用的方法，对于企业从根本上改善业绩没有任何价值！

大家把时间和精力放到这些无用功上面，企业本质的内功没有进步，如果竞争对手在进步，我们就是相对退步。这些方法非但不能帮助企业从本质上改善业绩，反而会把很多企业拖疲、拖垮，甚至拖到生死存亡的边缘，使企业丧失竞争力。

警示：经营管理上急功近利，盲目追求速效，这种行为很可能让企业走向消亡！

企业家们必须清楚一个事实，未来绝大部分行业发展的趋势都是寡头垄断。也就是说，行业发展的最终结果是几个大企业瓜分全行业的市场份额，其他企业要么被收购，要么被淘汰。

行业发展成寡头阶段的过程，就是大量淘汰中小企业的过程。2017 年数据显示，全国连锁及单店企业共 45 万家，若药品零售行业形成寡头垄断，存活下来的就算有 10 个品牌，那么也会有四十多万个品牌消亡。更要命的是，北京现已允许仓买销售药品，未来便利店连锁品牌将同时吞并早餐亭、仓买、药店，这样一个行业就会有百万家企业被淘汰。

同样的发展过程也会出现在你所在的行业，只是时间早晚的问题。

如果你依然用打促销、搞激励这些短期手段，而不从本质上长效改善企业，那么你可能就会出现在被淘汰的队伍里。正如流行的一句话："打败你的不是对手，颠覆你的不是同行，甩掉你的不是时代，而是你传统的思维和相对落后的观念。"

第二节　建设系统，打造增长闭环，是门店企业唯一的出路

要想实现长效的业绩，必须形成图 1－2 的循环，我们叫它业绩持续增长闭环。

（一）业绩持续增长闭环

通过分析企业经营过程发现，引流成本是最高的。还有隐形引流成本、门店的选址、陈列，甚至包括销售人员的配置，这些都是引流成本。

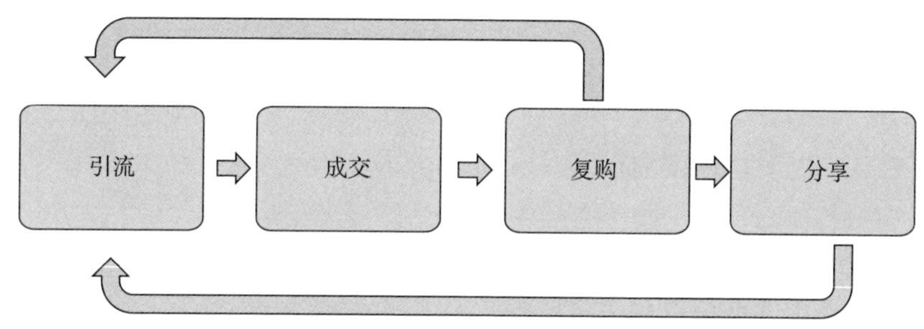

图 1－2　业绩持续增长闭环

所以，门店的选址、装修等都是为了引流，把这些隐形成本叠加进去，你会发现，每一个客流的成本都是极高的。在这里给大家看一个计算每个月每个客流成本的公式：

$$单位客流成本=\frac{店面月租金+装修摊销费用+当月基础人员费用+当月营销费用}{当月客户流量}$$

这就是月度客流成本的计算方法，根据这个公式假设计算出一个到店客户的引流成本是 300 元，来店里的每一个客户身上仿佛悬着一个标记：“引流成本 300 元”。你要尽可能与客户成交，这样才能把客户身上的引流成本赚回来。如果这位客户没有成交，就意味着下一位到店客户身上的标记显示：“引流成本 600 元”。以此类推，每流失一个到店客户，你的单位引流成本就会相应增加。就算是客户成交了，你也不能确定一次成交就能把花在他身上的引流成本赚回来。怎么办呢？客户一定会有更进一步的需求，你去挖掘他的进一步的需求，做二次成交、三次成交，当他复购的时候，就意味着你没有花引流的费用，直接就得到了相应的收益。

我们定义**复购是不花钱的引流**。复购让你的成本大大降低，利润率显著提高。有了复购，业绩提高了，你就满足了吗？不，这只是大餐前的开胃菜，要想业绩长虹，除了复购，还要进一步让这个客户帮你分享。分享就是你既没有花引流的钱，又让新的客户来店，再加上这个分享是熟人推荐的，成交率会更高。这时你会欣喜地发现，每个进店客户身上的引流成本明显下降了，是不是有种如释重负的感觉？

所以，**这才算是形成了一个良性循环：一次引流，多次受益**。而且会形成滚雪球的效应，持续多次收益。这样的企业才是真正做得好的企业，是业绩长虹的企业。从这个意义上讲，企业要想实现长效的业绩，就要打造出良性的收益循环，让业绩成指数级增长。

（二）“野生”销冠的危害

事实上，绝大多数的企业内部都已经有员工做成这种滚雪球的业绩增长模式，这个人就是企业内的销冠。

我的一个牙科医院客户，统计业绩时发现排名第一的医生的业绩是其他医生的9.5倍，相当于近10位医生的业绩。更神奇的是，他不用医院现有的客流。这些年他在这家医院积累的老客户和老客户介绍来的新客户，已经让他忙不过来了。而其他医生都在争抢医院提供的客流，也只是人家业绩的1/10。

这位医生就是做到了业绩持续增长闭环。所以，绝大多数企业的销售人员都获得了企业提供的同样的客流资源，但是就有人能一直成为销冠，业绩是别人的3倍、5倍甚至更多。那是因为他在成交客户时达成高客单价的同时，客户也是高满意度的，客户愿意在他这里重复购买，也愿意帮他做转介绍，他的业绩自然会非常好。

如果能把销冠的这个技能让每个人都学以致用，那么企业的业绩将实现跨越式的增长。但是企业的问题也就在于此：很多企业的销冠都是自学成才的“野生”销冠，这种“野生”销冠会给企业带来三大麻烦：

1. “野生”销冠造成企业管理失控

2014年年初，我和新客户在他的办公室进行访谈，突然门被推开。基于最起码的礼仪，应该不会有人不敲门就进来，所以我认为应该是老板的家人。结果发现来人穿着工装、带着胸牌，随着她走近我看到工牌上写着“××店长”。只见她甩起手“啪”地一下把一沓文件摔在了老板面前的桌子上，我简直惊掉了下巴，老板也被砸懵了。店长指着文件没好气地说：“这个合同我没法签。”我一看标题：“2014年度绩效合同”。老板恼怒地问："怎么了？"店长吼道："现在客户这么难伺候，业绩这么难提升，目标都给我提高了，底薪怎么没给我涨1000元。"老板委屈地说："你的底薪都比别人高1000元了，我还怎么给你涨呀？让别的店长咋看呀？"结果店长一句话不说转身就走，冲到门口的时候给老板甩下一句话："你自己琢磨吧。"

我以为老板会大发雷霆甚至会考虑这位店长的去留问题，但是都没有。老板跟我讲："我一个200平方米的店面，之前一年的业绩是180万元，这个店长来了之后当年的业绩是340万元，增长了160万元。"

这是一个销售卫浴产品的企业，当时毛利率是60%，大家知道营业额超过盈亏平衡点，毛利几乎就是纯利，所以业绩增加了160万元相当于增加96万元的纯利润，这位多创造96万元纯利润的店长要求多涨1000元的底薪，老板应该没有理由拒绝。

但是，其他店长怎么办？他们一样会和老板讲条件。你可能会问："其他店长没有突出的业绩，凭什么和我讲条件？"千万不要小看这些店长，他们会拿业绩作为筹码，比如9月对你说："老板，我们努力提高业绩，你就把底薪提高一些吧，我们保证10月的业绩大幅提高。"10月的业绩果然增加了50%，但实际上他们从9月下旬开始攒单，到10月报单，10月底通过各种方式抢11月初的单子，所以10月的业绩大幅提高。他们有理由说："你看我们的业绩，涨底薪吧。"老板说："不行啊，只是一个月，再看两个月。"但是他们不干了："我们都这么努力了，你不给涨底薪，哪还有劲头干活？"你能想象出下个月业绩一定会大幅下滑，如果还不涨薪，下下个月的业绩还会下滑，这就是员工用业绩作为筹码和老板讲条件的情况。

因为销冠就是这样做的，只要业绩好就可以讲条件。其他业绩不好的员工就用一些野路子让业绩暂时好起来达到目的。企业就处于失控的状态，从而导致严重的后果。所以，"野生"销冠带来的麻烦是企业不可承受之重。

销冠因为业绩好而有恃无恐，换个角度讲，**销冠不服管的根本原因就**

是其他普通员工没有为企业创造价值，对企业反而是一种拖累。

就说牙科医院的案例，我们通过核算把总体成本分摊到每个诊室，计算出的结果是一个医生一年的业绩不到 60 万元，那这个医生是给医院赔钱的。根据这个数据，医院里面有两个医生是让医院赔钱的，还有一个基本是在盈亏平衡点上，还有两个处于略微盈利状态，这 5 个医生对于企业利润几乎没有贡献，反而增加了医院的人工成本，最后发现医院的纯利润大部分是从销冠那里出来的。

销冠为企业创造利润的同时还要填不赚钱员工的坑，所以销冠敢不听话、敢叫板，因为他对于你来说就是企业的命。

让销冠是“野生”的，就意味着没有能力的员工在你这得不到成长，让企业赔钱，企业利润就得完全依靠销冠来帮你赚并弥补损失。销冠有了这样的功劳和价值，必然会肆无忌惮、随心所欲，你无法对他进行有效的管控，从而对他进一步失控，这就是销冠是“野生”的核心危害。

2. 企业业绩损失

其他员工业绩太差，才有了销冠，也有了销冠带来的管理失控。这个业绩差不是必然的，完全是由于其他销售人员能力不足造成的。销冠与普通员工处在一样的经营环境下，同样的产品、同样的价格、同样的门店、同样的管理和支持，普通销售人员完全有机会创造出销冠的业绩，只是普通销售人员没有做到而已。

我们完全可以认为，普通销售人员比销冠的业绩差就是企业应得而未得到的业绩。也就是说，普通销售人员给企业造成了大量的业绩损失。企业销冠级别的员工永远是极少数的，大量的普通销售人员到底给企业带来了多大的业绩损失？

3. 企业失去了发展的能力

虽然“野生”的销冠会有各种问题，但企业还是把销冠当成宝贝。因为有这么多问题的销冠也是凤毛麟角，如果企业想要每个店面都盈利，最好每个店面都有几个销冠级别的员工。但这只能是一个梦想！

因为企业根本找不到那么多的销冠。门店缺少优秀的销售人员，开店之后如何保证盈利呢？答案是无法保证。因此，很多门店企业陷入发展瓶颈，迟迟无法扩大规模。

针对上述问题，企业只有一个选择——打造系统，让每个普通销售人员都能持续创造销冠业绩。只有批量的复制并且有效地管控销冠，让销冠成为“家养”的，才能让企业有一个持续增长的好业绩。也就是说，每个员工都可以实现业绩持续增长闭环，人人都是销冠，企业必然是业绩长虹的。

（三）内生业绩裂变系统对企业的价值

针对门店企业的系统需求，醒客堂经过十余年的努力，研发并验证了一套可以批量复制并有效管控销冠的管理体系——内生业绩裂变系统，实现了门店企业家培养销冠的能力，让每个销售人员都能持续创造销冠业绩。

在 13 年的咨询过程中，内生业绩裂变系统应用于医疗医药、美容健康、家居建材、服装饰品、汽车汽修、餐饮娱乐等类型门店企业，为企业建设批量复制并有效管控销冠的系统，打造引流、成交、复购、分享的业绩增长闭环，帮助企业解决了“野生”销冠的 3 个主要问题：管理失控、业绩损失和发展受限，使企业掌控发展主导权的同时，实现业绩大幅增长，并为复制高业绩门店、拓展企业规模打下坚实的基础。如图 1－3 所示。

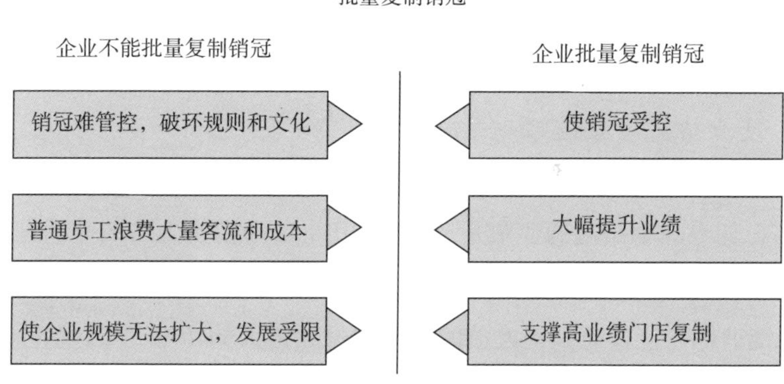

图 1－3　打造企业的能力

1. 打造企业绝对的主导权

因为销冠就是企业培养的，普通员工的业绩也很好，销冠打 90 分，普通员工也可以达到 80 分、85 分，即使销冠离开了，企业的损失也不大。这个时候，“家养”销冠就没有筹码去跟老板谈判，就不能破坏企业的规则，他也没有那个资本，企业本身就掌控了主动权，拥有绝对的执行力。所以，很多企业在不能对员工进行有效控制时，想要追求执行力，就给大家看铁军执行力、西点军校，这些作用可能都不明显。当企业面对员工没有话语权的时候，员工就不可能听话，即便是通过情感维系也不能长久。所以，这是很多企业家要思考的基本方向，只有企业自己能够批量复制销冠，才能对销售团队有真正的掌控权，才能真正打造绝对的执行力。如图 1－4 所示。

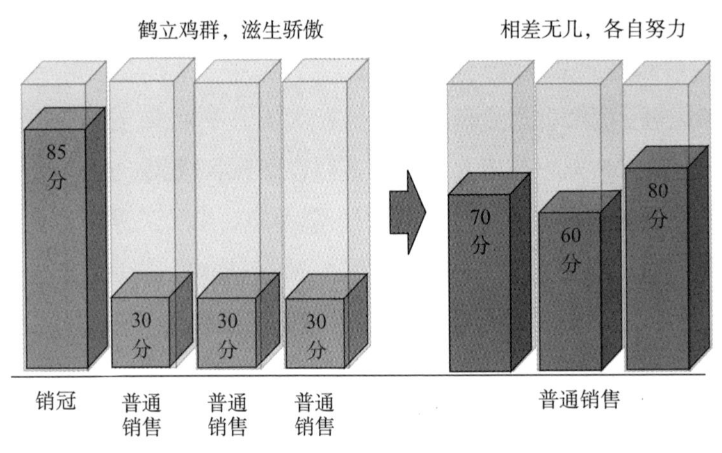

图 1－4　批量复制销冠

2. 使业绩突飞猛进

可以用数字做一个直观的对比，通常销冠的业绩是普通销售人员的 3～5 倍，如果一个销冠的业绩是 10 分，10 个普通销售人员的业绩是 20 分（每个普通销售人员的业绩是 2 分），整体总业绩就是 30 分。现在通过我们的系统训练，让普通销售人员的业绩增长到销冠的 70%，销冠业绩依然是 10 分，而每个普通销售人员的业绩增长到了 7 分，整体总业绩就是 80 分。通过这个对比，你会发现业绩是成倍数增长的。既没有增加各项成本，也让员工通过自己的努力赚到了更多的薪水，员工满意度提高了、稳定性增强了，关键是企业的收入实现了跨越式的增长。

3. 支撑企业未来的批量裂变

很多企业家都会遇到一个尴尬情况，就是当企业发展到一定规模的时候，就无法再继续扩大了。

有个老板和我开玩笑地说，他受到了诅咒，诅咒就是他只要开第四家店，必然赔钱。他曾经尝试很多次开第四家店都没有成功。他就问我："王老师，我是不是受到诅咒了？"我跟他讲："你不是受诅咒了，是企业的管理系统完全依靠在你个人身上，你的精力有限，只能掌控 3 家店的规模，再大你就无法控制了，员工就不用心工作了。比如你一天巡查一家店，3 天就巡查完，但你还有很多工作需要处理，如采购、资金、人力资源等，有时还要出差，你就不能及时去每个店里巡查，你没有顾及到的店面，加上店长的能力有限，就会导致亏损。"

企业发展受限就是企业的系统不能支撑更大的规模。

当企业能够批量复制并且有效管控销冠时，每个店都会由受控的"家养"销冠来支撑，每个店的业绩都可以很好。可以说，企业的系统可以支撑企业进行裂变。当然，只有批量复制并且有效管控销冠还远远不够，你还需要配合其他的长效方法，才能真正让你的企业实现健康的持续裂变。能够批量培养和有效管控销冠是进行裂变的基础，如果连这个都做不到，就不要考虑裂变的问题，因为根本就无法实现。

总之，我们要长效地改善业绩，核心就是打造一批能够实现业绩持续增长闭环的销冠，这些销冠必须是由企业自己培养出来的。只有门店企业建设出能批量复制并有效管控销冠的内生业绩裂变系统，企业的未来才会美好，甚至有可能成为行业龙头品牌。

内生业绩裂变系统到底是什么，如何批量复制并且有效管控销冠，下一章为你揭晓。

第二章

内生业绩裂变系统

培养并有效管控销冠能迅速大幅提升业绩，能让企业掌控管理主动权，能为将来复制打下坚实的基础。道理一说就明白，但在实际操作中确实困难重重。

企业需要从根本上改变普通销售人员的销售习惯。普通销售人员不仅不具备这样的习惯，甚至不知道该有什么样的习惯。企业就要给出标准，告诉员工怎么做是对的，并培育他们的能力，训练他们达到应有的水平。为了让员工持续按照这样的方式工作，还要给员工推力，不断跟进他们做出的结果，推动员工做得更好，最后再给员工动力，让他们愿意持续去做。

这样企业不仅能把普通员工打造成销冠，还能实现对这些“家养”销冠的管控。

第一节　销冠与普通员工的核心差异是什么

为了让普通员工持续创造销冠业绩，我们要先解决一个基本问题：销冠与普通员工到底有什么不同?

（一）从案例看销冠捕捉客户需求的能力

我在各地讲解内生业绩裂变系统的时候，经常问企业家一个问题，销冠和普通员工的核心差异是什么？企业家们的回答五花八门，有说销冠比较积极、态度好的，有说销冠产品知识丰富、行业经验足的……这时我总是反问一句：普通员工有没有态度好的？普通员工有没有懂产品知识的？企业家们就沉默了。

当企业家们还没办法准确地定义出普通员工和销冠的差异时，我们该如何让普通员工变成销冠，又如何让普通员工持续创造销冠业绩呢？

为了让大家理解普通员工和销冠的核心差异，请大家用心体会下面这个真实的案例：

一家窗帘布艺连锁企业，有一个店里的导购是我们训练的首批内训师，很快就成为销冠，也有了非常多的经典销售案例。

一天店里来了一位女士，刚好是这位销冠接待。这位女士进店后一言不发，无论问她要买什么风格的窗帘，还是问她家里装修到哪个阶段了，她都不予回答，只是默默地在店里逛，看店里的产品，时而用手摸一摸，时而退后一步打量，或者再看看价格，整个店逛完后就要走出店门。此时，这个销冠突然走上去和这个客户打招呼："女士您好，有一款窗帘我认为特别适合您，刚才您在看产品的时候路过这款窗帘，但是您可能没有注意到，您介不介意花一两分钟的时间让我再为您介绍一下？"这位女士确实是有购买窗帘需求的，于是她同意了，但还是一言不发。这个销冠把顾客引到要推荐的产品那里，向她介绍了四五分钟后，这位女士毫不犹豫就直接买单了。

当这位女士离开后，所有的销售人员都问她怎么回事儿，她是怎么知道这个一声不吭的客户想要什么样的产品呢？而且卖出的这款窗帘是店里的镇店之宝，也就是全店最贵的那款产品，最贵的也是销量最低的，一年也不见得能卖出一套。

销冠对大家讲，虽然这个客户一言不发，但是她一直在观察客户到店里后摸了哪几款窗帘，摸完哪个窗帘之后很快就放下了，哪个窗帘摸了好几次，然后看哪个窗帘的时间长，哪个窗帘她退后看了。销冠就是基于客户的行为过程，分析得出客户喜欢的窗帘是什么风格、款式、材质及颜色，通过客户的着装配饰，初步判断消费能力不弱，就为客户匹配出店里哪款窗帘是最适合这个客户的。经过这样的分析之后，客户就要走出去了，就当机立断向客户做了推荐，结果证明自己的分析基本无误，所以就成交了。

在这里，我们会发现真正的销冠所具备的特质就是在面对客户的过程中，他在全力搜集信息，客户的行为细节和需求偏好的表现都能准确捕捉到，并能立刻化为有效的客户应对策略，这是销冠的一个本质特征。

普通销售人员也会在服务客户的过程中接触到很多信息，但这些信息没有经过有效的处理，所以普通销售人员根本无法在纷乱的信息中找到科学的应对方式，结果机会就被浪费掉了。

（二）普通销售人员存在哪些问题

我们一直为门店企业提供免费的神秘顾客暗访服务，积累了几千份销售的细节过程样本。基于这样的样本，我们对普通销售人员的问题总结如下：

1. 只会简单报价的销售人员

这样的销售人员没有任何销售能力，业绩非常差，成交主要依靠客户实在喜欢相关的产品。这类销售人员是企业绝对的负资产。

2. 习惯推特价产品的销售人员

这样的销售人员的消费能力不强，销售能力也不高，害怕客户不接受价格高的产品，于是选择自认为性价比最高的产品或服务推荐给客户，这样的产品或服务就是特价品。

这造成两个问题：首先，很多客户并不喜欢特价品，因此不会成交。即使很多客户因为优惠而购买了，也经常会表现出对产品的不满，客户价值没有体现出来，客户就没有忠诚度，不会复购和分享。其次，以价格为核心筹码吸引客户只能造成客户进一步讲价。因为从产品和服务的角度而言，销售人员没有让客户感觉到其他价值，就只能谈价格了。所以，这样的销售人员成交的订单往往折扣非常高。从企业的角度考虑，就是大量的业绩和毛利损失。

3. 客户关注什么就推荐什么的销售人员

一部分销售人员渴望出业绩，愿意帮客户推荐产品，但不知道如何了解客户的需求。因此，看到客户关注什么就推荐什么。客户在店里走一圈，销售人员说了一圈产品好。客户会怎么想？“店里这个产品好，那个产品也好，各个产品都好吗？你就是想卖我东西。”所以，这样的销售人员很难得到客户的认可，自然不会有好业绩。

4. 只卖自己喜欢的产品的销售人员

有一部分销售人员在产品知识、销售能力方面有一定的基础，但不会主动关注客户，无论哪个客户来了，都是推荐自己喜欢的那几款产品。一个月总能遇到确实喜欢推荐产品的客户，但业绩一般。

上述普通销售人员的状况，是企业现有员工的常态。

（三）找到最核心的差异点：思维

把销冠和普通销售人员的销售过程进行对比，我们会发现，在接触信息相同的情况下，销冠能在跟客户沟通的过程中，有效地挖掘客户需求并及时用合适的方式给予满足，而普通销售人员根本不知道如何分析客户需求，更别提满足了。决定这个差异的核心能力是会不会琢磨客户，也就是思维的差异。醒客堂对于积累的视频做过统计分析，能主动掌握客户需求并有效满足的销售人员占比不超过0.5%。

因此，我们的结论就是：销冠和普通员工最本质、最核心的差异是思维，而不是行为。大家可以通过图2-1理解一下。

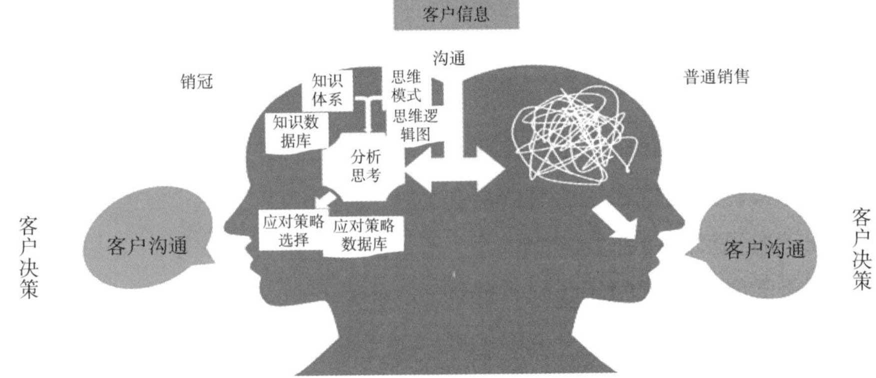

图2-1 销冠和普通员工的差异是思维

第二节　批量打造销冠需要企业自己培养

销冠和普通销售人员的核心差异在于销售思维，这给门店企业的管理带来了如下问题：

（一）普通销售人员不可能靠自己成长为销冠

为了让企业家们理解这个问题，我们先来看一个案例：

大家应该还记得前一章牙科医院业绩是其他医生的9.5倍的那个销冠，其中有位医生的诊室在销冠医生的旁边，于是在销冠医生接待患者的时候，他就去观察，结果销冠医生从诊室的镜子里看到门缝里有一双眼睛时吓了一跳，还好患者正仰躺在牙椅上，看不到门口的情况。销冠医生就打开门问道："怎么啦？有什么事？"门口的医生说："我想看看你怎么接待患者的，学习学习。"销冠医生很乐于分享，说："那你进来吧，咱俩一起接待。"这位医生跟着销冠医生一学就学了14个月，最开始的一周天天都去，后来就一周去一两次，再后来一个月就去一两次。14个月过去了，两人业绩还是9.5倍的差距。大家就很奇怪，问他这14个月都学到什么了？跟着销冠学习的医生愤愤不平地说："要么是老板给他的单子多，要么就是他特别幸运。他和患者说的话，我也说过，真没觉得他有什么特殊的。"

通过这个案例，我们可以看到普通医生即便跟着销冠医生一起接待了患者，但他还是不知道为什么要对这个患者这么说，对那个患者那么说。所以，同样的话在销冠医生那里有针对性地说就是有价值的，而那个普通医生面对患者泛泛地说就没有价值。那个普通医生根本不知道销冠医生之所以成为销冠医生的核心点是什么。所以，即使投入学习，依然一无所获。

同样的道理在千千万万的企业上演：绝大多数企业的销冠和普通销售

人员是在一起工作的，销冠并没有刻意把自己的销售过程隐藏起来，事实上也做不到。但在和销冠一起工作的销售人员，多少年后能通过这样的方法学成销冠的员工凤毛麟角。

（二）普通销售人员学坏容易学好难

大部分普通销售人员非但没有学成销冠，反而把销冠讲条件、破坏企业规章制度等坏毛病学了一身。这样的团队文化只能带来企业家和员工的持续内耗，完全无法适应今天的竞争。

出现这种状况的原因很简单，员工在没有引导监控的情况下，学坏容易学好难。

我们想象一下，一个新员工进入企业会怎么办？一般会为了融入企业而努力成长。所以，这个时候新员工都是比较积极的，但大家会发现，一段时间后，他们就会被普通老员工同化，变得和普通老员工一样，不再严格要求自己，不再积极上进。因为在这个过程中，员工和员工的身份是相同的，新员工进入企业之后不仅在听领导的要求，更要观察其他员工怎么做，如果大家都严格按照领导要求的方式去做，那自己也这么做，否则凭什么对自己要求那么严，其他人都可以不努力？

很多企业家说："我可以利用榜样的力量，我让销冠给大家分享，告诉大家销冠有多赚钱……"这些方法都对，但大家再想想，普通销售人员真的接受销冠吗？现实情况是销冠在企业内普遍是被人"羡慕、嫉妒、恨"的角色。大部分普通销售人员没有能力自己成长为销冠，但又不愿意面对这个现实，而那个做榜样的销冠恰恰是逼迫普通销售人员面对自己能力问题的镜子，因此成了他们攻击的对象，于是大部分普通销售人员并不愿意成为所有人在背后议论和排斥的销冠。最终，这个榜样也就起不到榜样的作用。

由此，我们得到一个结论：企业不会出现批量员工自己成长为销冠的状况，但企业需要批量的销冠，就只能靠自己去培养。

（三）企业必须依靠自己培养销冠

一部分企业家担心，把员工培养好了，员工走了，到竞争对手那里去了，怎么办？

事实上，很多企业家都认同这样的观点。但从实际情况看，这是很多企业家缺少投入意识带来的自我设限。

从企业发展的角度看，能培养人的企业和不能培养人的企业有着本质区别。不能培养人的企业不太可能适应今天的竞争，也就是说，这样的企业很快会被淘汰。这一点不只很多企业家看明白了，很多职业人也看明白了。

那么，哪些人愿意待在不能培养人的企业呢？养老的人、不求上进的人，这些人对自己的现状相对满意，不愿意为了更美好的未来而拼搏。因此，对于这些人的培养实际上是企业的负担。有一部分人甚至会因为在企业内被考核而离开这个企业，但对于那些有追求的人而言，培养人的企业对他们的吸引力是不可替代的。实际上，两种企业吸引的是完全不同的两种人。

作为一家有愿景、有目标的企业，建设自己的培养体系，吸引、保留并用好有目标、有冲劲的员工，是一个必选项。

如果还有企业家对于培养人不放心，我们不妨来做一个假设：如果培养 10 个人，那么排名多少位的员工容易离职？

排在前 3 名的员工容易离职吗？轻易不会！这样的员工是企业重点关注的对象，员工自己也很明白，企业的资源和机会都会对他倾斜，企业内的好机会他们都有优选权。这样的员工如果离开，就是企业考核出了问题，把一群头脑不清晰的员工当核心骨干了。

排在中间的员工呢？如果这样的员工基础能力一般，是靠企业的培养才能适应现在的岗位，那么这些员工也不会离职。因为他们离开企业自身能力不足以支撑其适应岗位，自然得不到现在的收益和认可。如果排在中间的员工是有一些小聪明，但不够努力又不太服气的员工，是相对容易离职的。这样的员工能做出一定的贡献，但也会给企业带来一定的危害，属于“鸡肋”型员工，即使离职也不会对企业造成影响。

排在后 3 名的员工呢？他们每天担心自己被淘汰，哪还有心思考虑别的？何况这些员工由于能力的问题，也确实是企业淘汰的对象，所以根本不用在意。

作为独立研发的咨询公司，醒客堂必须让所有的咨询师都掌握公司的内生力系统方法论。在这方面，我们完全没有任何保留地培养咨询师，每个咨询师都必须掌握内生力方法论的精髓，唯有如此，才能在面对客户的时候游刃有余。

我们培养两三年的员工可以成为项目经理，四五年的员工可以成为项目总监。在这个过程中，总会有客户向醒客堂的员工伸出橄榄枝，薪酬不低，不心动是假的，但真正为了薪酬跳槽的却没有。原因很简单，我们能把员工从咨询师培养成项目经理，再培养成项目总监，甚至能培养成专家。未来的收益远非现在能比，员工都看得到，也已经有员工得到了，大家自然没有必要为了短期的收益去承担长期的风险。而且一个企业能批量培养人根本不需要去挖人，如果不能培养人，去了也不会被培养，没有成长，短期的薪酬有什么意义呢？

企业家们完全不用担心培养销冠会给企业带来负面影响。企业家要有社会责任感，培养人应该成为每个企业的责任。如果每个企业都培养人，即使这些人因为一些原因离开，我们同样也可以找到优秀的人，因为其他企业也在给你的企业培养人，企业家要有这样的格局。如果真的不愿意投入，也只能说明你的企业还没有准备好在现在的市场环境下成为一家优秀的企业。

企业不去打造培养销冠的系统，就不会有批量可复制的销冠，企业就会竞争力不足，就无法适应今天的市场竞争。这也是今天绝大多数企业面临经营压力的根源之一。

（四）培养人根本上就是改变人性

把普通销售人员培养成销冠绝不仅仅是提高技能的问题，更大的挑战在于面对人性负面能量的压力。

把普通销售人员培养成销冠，就是要把一个普通人打造成一个优秀的人，这是从根本上改变这个人的过程。为什么这么讲呢？大家来看一下案例：

前面我们讲到一个跟老板摔门的销冠店长，我有一次去她的店里，本想跟她沟通一下工作，却发现这个店长在看报纸。她看见我眼神落在她的报纸上，立刻跟我说："王老师，这里面所有的小区，只要你说出名字，我就能告诉你小区的配套什么样，户型有多少，每个户型在装修上预算大概多少钱，浴室装修应该预算多少钱，主要的业主都是什么身份，周边都有什么学校、医院，还有交通状况。"

这个时候，我们就知道为什么这个人能成为销冠了：她的努力程度不是一般人可以做到的，她积累的知识、技能远远超过同级别的员工。这样的努力几乎是所有销冠的共同特质，销冠之所以成为销冠一定是有原因的，普通员工始终是普通员工确实是因为他们自己的局限。

大家都听过这样的话："江山易改，本性难移。"**把一个普通员工打造成销冠的过程就是要把那个难移的本性彻底移除：让普通员工与销冠一样努力，一样严格要求自己！**

毫无疑问，普通员工是不愿意做出这样的改变的。因此，把普通员工培养成销冠，就是完善普通员工的心性。

既然**培养人从根本上讲是改变人性的过程，**到底怎么做才能得到理想的结果呢？改变人性的核心原则有两点：**控制人性的负能量、弘扬人性的正能量。**

一小部分人通过自己的努力，看到长远的未来，主动要求自己，不断学习、不断成长，因为这些人认识到只有努力才能得到长远利益。大部分人没有看到长远的未来，因此对自己要求不严格，不愿意学习成长，逃避责任和压力。大部分普通员工都是后者。

很多企业家对此并不认同，经常会跟我探讨："王老师，我们就不能找一些有目标、有理想，严格要求自己，主动学习的人吗？"可以找到，但永远都是少数，而且这样的员工到哪里都是核心骨干，每个企业都很重视，这样的人不会轻易离开原企业，为什么要到你的企业来？即使来了，如何保证这样的人将来不自己创业？今天的大部分企业家不都给别人打过工吗？

所以，千万不要寄希望于找到优秀的人才来发展自己的企业，找到是幸运，找不到才是常态，况且找到了也未必能控制。**做企业还是要靠一大批资质中庸的普通人。**企业能做的就是控制这些普通人人性负面的因素，努力发扬其人性的正能量。

这和教育孩子吃饭的道理差不多。很多小孩子贪玩不愿意吃饭，家长左喊一遍右喊一遍，甚至一些老人还端着饭碗追着孩子跑，专家就给出建议，大人吃饭时只喊孩子一遍，如果孩子不来，大人就把饭全吃掉，孩子饿的时候开始要吃的，就告诉他吃饭的时候喊你了，现在已经过了吃饭的时间，没有吃的了。孩子必然哭闹，就表示同情和理解，但是爱莫能助。等到下次再喊孩子吃饭时就会过来吃饭了，因为他知道如果不来吃饭，就真的没得吃了。

这就是对人性负面因素的控制！

控制住人性负面的因素，还要努力发扬人性的正能量。这个时候，榜样的力量就出现了。企业需要什么样的人才，就把这样的人才定义为榜样，让大家去学习他，做到了就给予相应的奖励和认可，让每个人都愿意做到榜样的标准。

在这方面，法家有着非常精辟的论述，翻译过来可以这样理解：管理人最好的工具就是奖罚，奖要奖得人感恩戴德，罚要罚得人倾家荡产。这样，你想让他做到什么样，他就能做到什么样。

改变一个人已经很困难了，但企业需要面对的困难比这大得多。因为企业必须改变企业内的所有人，这简直是“难于上青天”。

第三节　打造一个系统

（一）什么是内生业绩裂变系统

做企业要控制人性负能量，发扬人性正能量，但不是靠个人能力去实现，因为个人能力能影响的人太少了。要想改变企业内的所有人，就只能依靠系统的力量。这个系统就是内生业绩裂变系统。如图2-2所示。

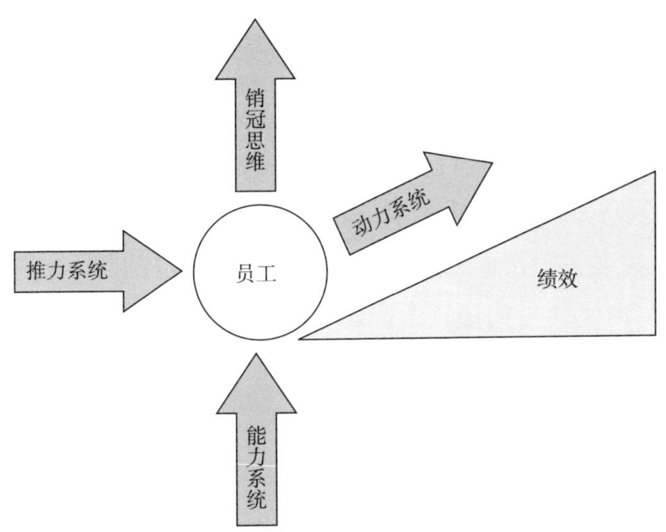

图2-2　内生业绩裂变系统

图2-2的原理可以这样理解：因为员工存在大量的人性负面因素，要让员工创造卓越的业绩就相当于让一个球爬上斜坡。一个球不可能自己爬上斜坡，为了让球爬上斜坡，我们需要给出标准、能力、推力、动力，这个球才能爬上斜坡。

对于员工而言，企业为了让员工创造销冠业绩，就要给他销冠的操作标准，让他知道该怎么做；给他赋能，让他具备操作的能力；给他管控，让他必须做好；给他激励，让他全力以赴拼搏。唯有如此，才能真正通过系统的能力把所有销售人员打造成销冠，持续创造销冠业绩。

辅导了很多企业运用这套系统，一家牙科门诊企业导入这套系统，业绩持续一年增长超过 90%，接近业绩翻倍，之后进入门诊裂变期，始终稳步扎实地向前走。至于应用这套系统企业的业绩增长 20%、30%、50%，这样的实践案例更是数不胜数，而且我们绝对摒弃通过营造氛围来获取现场效果的方式。在咨询辅导的全过程中，做到无激励、不鸡血，完全是让企业以健康的方式从内生能力的角度研发出的一套系统，就是靠企业内生能力去产生业绩，去成长和发展。

我们可以简单地将内生业绩裂变系统的核心原理理解为“双百工程”，**即一百分的标准，百分之百的执行到位。**

（二）制定一百分的销冠标准

把销冠的核心能力变成标准，是一百分的标准！

能力、动力、推力让普通销售人员能做到，愿意做也必须做好，实现百分之百的执行到位。要给普通销售人员提供这么多东西吗？

能不能不给普通销售人员制定销冠的思维标准？不能！由于大部分普通销售人员的主动性问题，让普通销售人员自己定标准就意味着放弃标准。

因为大部分员工对自己的要求没那么高，他们不具备自己制定标准的能力。现在普通销售人员所使用的卖特价、客户关注什么就推销什么、只卖自己喜欢的产品的方法，就是普通销售人员给自己制定的标准方法，这样的方法不可能让客户真正接受和认可。客户面对企业的大部分销售人员都没有买单的欲望，更不要想着复购、分享，这样的标准自然没有价值。

事实上，企业要把销冠思维制定成标准，而且这个销冠的**标准还必须是工具化、傻瓜化的。**

1. 销冠标准工具化

把销冠思维制定成标准，意味着企业把销冠的能力进行了标准化建设。很多企业也做标准化，但仅做到了步骤标准化层面。步骤标准化的价值是有限的。因为步骤清晰了，不代表员工真的知道该怎么做，把每个步骤所需要的能力标准化了，员工才能清晰地知道怎么做才能做到。能力标准化是员工能力提升的核心基础。

工具化就是把销冠思维设计成可复制的思维工具系统，谁掌握了这个工具系统谁就可以具备销冠的思维能力。

我们一直认为医疗是个非常难的技术活，特别是中医——望闻问切，要凭借几十年的经验才能掌握，年轻人不能很快学会，所以大家看病都认可老中医。而西医则不同，医生只需问一下你的症状，然后就让你做检查、拍片子，依据检查结果来进行诊断和治疗。那么这些检查设备对于医生来说就是工具，只要掌握了原理，任谁来看这个检查结果、数值、CT 片子，都可以做出同样的诊断。

所以，我们就必须把销冠所有的能力特质、思维方式等外显出来，然后形成一个销冠的工具包，这个模式就定义为销冠思维模式——顾问式销售模式，也就是销冠思维的标准。

2. 销冠标准傻瓜化

傻瓜化就是让这个工具包易学易用，只有傻瓜化的东西才能真正普及，才能让大部分普通销售人员都学会。

近几年，微信成为最受欢迎的沟通工具之一，原因是微信更加傻瓜化。不会用电脑可以用微信，因为微信以手机应用为主；不会打字可以用微信，因为微信可以发语音，只要会按着一个键说话，就能用了。老年人特别喜欢微信，用来跟孩子沟通不仅能发信息，还能视频，操作起来非常简便。

给员工的工具也是一样的。我们前面也讲过本来员工在学习的时候就是被动的，再加上员工不具备将学到的通用方法自行转化成适用于自身特点的具体实操方法的能力，所以给员工的方法一定是傻瓜化的。如果不是傻瓜化的方法，需要员工自己转化，而员工根本就无法达到，也就是学的消化不良，转化的也是囫囵吞枣，最后员工还是不会。所以，**一定要傻瓜化的思维，这就保证了学员上午学完，下午就能用，简单直接。**

只有基于企业的立场，才能真正站在客户的角度，把销冠的客户接待过程变成标准。这个标准才能支持员工实现销冠业绩。

（三）建设自己的销冠能力培养系统

能不能不给员工提供学习的能力？不能！大家都知道员工的能力成长是一个让自己不舒服、再慢慢适应的过程。这个过程对于员工而言，是个巨大的负担。在很多企业都会看到员工逃避学习成长的例子。有人讲："天底下最远的距离就是从知道到做到的距离！"所以，让员工自己提升能力，无异于缘木求鱼。

研究发现，员工到一家新公司入职的时候，是新员工提升能力的最好机会，因为他会为了融入新公司而主动改变自己。所以，我们就员工的能力提升分为猛火攻和慢火炖两个过程。在新员工入职的时候进行猛火攻，也就是在新员工入职培训上下工夫，让他迅速建立基本的能力框架，植入好的习惯，为他成为未来的销冠打下基础。入职培训结束并上岗以后就慢火炖，也就是把销冠思维工具深化掌握的过程。

为了能在员工入职时和上岗后都进行针对性的培养，企业必须建设自己的内训系统。这个内训系统，把企业的销冠标准变成教材和训练系统，由企业自己培养的内训师实施。

把自己企业的销冠标准做成教材，意味着这个教材具备绝对的针对性。教材的内容不仅要包含销冠的思维逻辑标准，还要针对自己产品和销售过程总结出典型的样板案例，让员工学习的时候就像回顾总结自己的经验教训。这样的教材不追求"高大上"，不追求过分的规范，只强调贴近销售人员的日常工作，不需要转化就能直接指导销售人员的销售过程，这样的教材才有实用性价值。这样的教材不能照搬照抄，只能基于自己企业的销冠标准进行设计，其他企业拿到教材也没有用。

自己企业的内训师培养自己的销售人员，意味着人才培养就是日常基本工作。把人才培养工作变成日常工作，才能真正批量培养人才。员工做阶段性的培养只能解决猛火攻的问题，日常不断地细节培养才能实现慢火炖的目的。

自己的优秀员工可以是内训师，门店的店长、经理可以是内训师，总部的职能人员也可以是内训师。内训师在企业的各个部门，他们平时在自己的岗位上完成本职工作，企业需要进行人才培养时，就可以根据内训师的时间安排培训。这样，人才培养就不再受制于人员时间、地点，只要企业发现某些销售人员还没有达到销冠标准，就可以随时组织培训。

我们尤其强调店长必须是内训师，因为店长每天在店里，随时可以看到销售人员的能力问题，店长可以利用空闲时间完成对店员销售思维的细化改善，这样既做到了及时性改善，又传播了学习、互助的门店团队文化。让每一个来到店里的销售人员必须学习，让每一个店长必须培养下属。

只有企业自己的内训师针对员工用自己企业的教材，主动训练员工，推动他们提升能力，并且考核其能力提升的具体效果，才能实现员工的批量成长，才能让大部分员工真正具备销冠能力。

（四）给员工的推力系统

能不能不给员工推力？不能！因为总有一些员工不够自觉，想尽办法偷懒、不用心。一个员工这样做无所谓，但我们不去管控他，其他员工就会效仿，久而久之，所有员工都偷懒、都不学习，谁还会去做销冠。

为了能让普通销售人员持续创造销冠业绩，我们要在日常工作中根据销售人员的缺失点找到具体的问题，有针对性地帮他解决。如何快速又精准地找到他的缺失点呢？那就要用到推力系统，也就是数字化业绩改善系统。

我刚刚走出校门、在台资企业做区域经理的时候，每个月要到区总部参加一次由总经理召开的月会，一天的月会上有四十多位区域经理做汇报，要分析150个左右的区域市场营业状况。大家可以简单核算一下：这位总经理一天的工作时间按10个小时统计，即只有600分钟，要分析150

个区域，每个区域平均只有4分钟的时间。这位总经理就要在4分钟内解决这个区域一个月的市场策略和工作重点。

通过这样的方式，每个区域经理都明确下个月该在哪个区域市场针对一线销售人员进行哪些策略推进和能力改善。通过区域经理，每个业务员都知道自己的工作重点，如果再配合之前的策略执行标准和训练，每一位销售人员就都变成高效、优秀的销售人员。

中国的民营企业要进行一次深刻的自检：我们能做到每周半天的时间搞定一个省的市场操作吗？可以确定的是，大部分民营企业今天的管理水平还达不到20年前台资企业的管理水平。这种管理水平的差异不在于理念的高大上，而在于管控深度。

前面我们提到很多门店企业达到一定的规模就很难突破，解决问题的核心方法是数字化业绩改善系统。企业家通过数据发现问题，确定解决问题的方向，由门店的店长或经理具体负责解决问题，企业家再通过数据跟进问题解决的进度和结果，这样就可以在保障企业正常运营的同时，大大解放企业家的时间。由此带来企业家管理规模的飞跃，也就实现了企业规模质的飞跃。

能够通过数据，站在企业最高层看透一线员工面对客户的服务水平和能力，并责成一线管理人员进行针对性的细化改善是企业规模化运营的基本能力。数字化管理的导入，是提升民营企业管理水平的当务之急。

企业利用数字化管理工具管控员工，不但强迫他们学习，促使他们成长，而且持续关注其日常工作中是否全力执行销冠标准、创造销冠业绩。一旦出现偏差，立刻进行针对性改善，才能让每个销售人员持续创造销冠业绩。

（五）给员工的动力系统

能不能不给员工动力？不能！因为前面的标准、能力、推力都是站在企业的角度考虑，员工努力达成销冠标准，为的是什么？现实的收益、未来的发展，没有这样的利益支持，再好的员工也没办法长期严格要求自己。

很多民营企业家都具备对员工进行激励的意识，这是一个长足的进步。很多民营企业家过于依赖激励模式，则是矫枉过正了。内生业绩裂变系统之所以把激励放到最后来讲，就是想提示各位民营企业家，改革不能依赖激励来实现。

大家可以这样理解：普通销售人员成长为销冠，对其自身有着明显的好处；优秀员工或店长成长为内训师，对其自身也有着明显的好处；普通销售人员要努力学习成长，更多的是为了自己，而不是为了企业，更不能是为了得到激励制度的好处。

如果员工是为了得到激励制度的好处而努力学习，就会在过程中不断进行对比、审视："我这样努力吃苦到底值不值?""我真的能成长为销冠吗?""压力这么大，我还要坚持吗?"大多数情况下，这些员工都会选择放弃，改革很难成功。

改革时，企业给员工明显释放出一个信号：在这个企业工作就要达到销冠的水平，达不到很快就跟不上企业的步伐，甚至可能被淘汰。只要大家努力学习成长，企业一定会给大家设计更加科学合理的激励制度。

只要这个过程中有一部分员工努力成长，取得一定的成绩，企业就会针对性地打造榜样，带动观望派努力学习，这个改革也就成功了。这个时候，员工就没有选择的空间，企业就成为强势的一方。

只有企业在员工努力成长、不断进步之后，再为员工设计出长短结合的利益牵引机制，形成企业和员工高度长期的利益一体化关系，才能真正贯彻企业的改革意图，让普通员工成长为销冠或者准销冠，为企业创造长效的卓越业绩。

这样我们再去看员工业绩增长图，就容易理解了，给予员工销冠思维模式的一百分的标准，然后利用销冠孵化器赋予员工成为销冠的能力，再用数字化业绩改善会发现和解决员工在操作过程中的问题，去推动员工成为销冠，最后使用三高激励给员工以动力，让他们主动执行标准。这样就能够让员工真正做到一百分的标准，百分之百的执行到位，最终达成成为销冠的目标。

企业可以通过这套模式，实现批量的复制销冠，带来业绩的大幅改善，从而实现对销冠的绝对掌控，进而实现有效管控企业，为企业发展壮大做好人才梯队的储备，提供源源不断的人才保障，这就是企业内生业绩裂变。通过这个裂变为企业复制更多的销冠人才，支撑企业高业绩门店的裂变。

第三章

销冠孵化器：一个月把普通销售人员打造成销冠

基于现实的业绩需求及未来发展需求，企业不仅要让每个普通销售人员都能创造出销冠业绩，还要迅速做到。也就是说，企业要具备快速、批量打造销冠的能力。

要想把普通销售人员打造成销冠级别的销售，企业要重点解决两个问题：标准和能力建设。如图 3－1 所示。

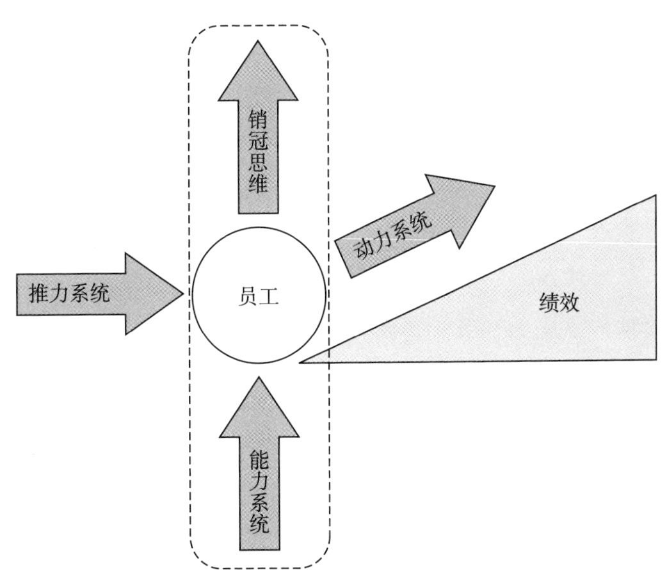

图 3－1　销冠思维和能力系统

内训师是企业解决问题的核心人才。通过系统培养，让内训师研发设计企业独有的销冠思维系统——顾问式销售思维，并形成销冠能力培养体系，建设企业自己独有的销冠孵化器。

第一节　销冠思维习惯植入系统

（一）企业现有培训效果不佳

要想让每个销售人员持续创造销冠业绩，企业首先要让普通销售人员具备销冠的能力。事实上，一部分优秀的企业家早已认识到销售人才培养的重要性，他们确信员工的能力是持续、本质改善业绩的关键核心点。为此，很多企业家已经投入了大量的时间和精力寻找各种方法来提升员工的能力。

比如投入巨资对员工进行外训，把员工派出去学习或者请老师来公司授课。这种外训，课程现场互动氛围非常好，但员工的收获往往并不理想。

有一次我在沈阳一家四星级酒店的早餐区，看到很多年轻的女孩子，她们穿着工服，一看就是一个企业的销售人员集训。我就关注了一下她们的沟通内容，其中一个女孩子绘声绘色地复述了昨天老师讲的笑话，逗得满桌子人哈哈大笑。我刻意下楼找了一下指示牌，上面写着某某品牌卫浴导购培训东北区沈阳站。在回去的路上我就思考，这些员工回去之后会总结老师讲的操作方法吗？会根据老师讲的内容联系工作进行落地吗？稍微有一定经验的人都知道，这样的员工一定是凤毛麟角的。

基于这个假设，我们再来思考一下：这个企业每年在全国各个大区（东北区只是其中之一）的核心城市（沈阳只是东北区城市之一）进行一系列的导购培训，每次都是这样的流程和结果。一个企业把沈阳附近的导购都集中到沈阳的一个四星级酒店进行培训，请老师的费用也不低，而这些导购最关注的是老师讲的那个笑话。这个企业进行这样的投入，到底价值几何？

1. 员工外训存在的两个问题

对员工进行外训存在两个问题，导致训练效果很难落地。

首先，授课老师讲的都是通用性的原理。

这样讲课的好处很明显，老师讲的东西永远都是对的，也很容易讲，但问题是需要员工自己进行转化。员工必须自己研究如何基于企业现状来落地，也就是将通用方法转变为符合企业现实状况的实际操作方法。现实是员工根本就不具备这种转化能力，别说多数企业的员工做不到，就连很多企业家也不具备这种转化能力。

其次，对于外训老师的评价方式只能以现场效果为主。

根本无法评价老师的课程是否真正推动了员工的成长。培训现场，学员的状态很好，对老师讲解的内容也很认可，企业就没有理由说外训老师讲得有问题。基于这样的评价标准，外训老师一定想尽办法在现场让学员认可，最简单的方法就是调动氛围、讲故事。这样的方式表象很喜人，实际上员工根本没有真实的收获。要想让员工有收获，讲的东西就要具体，听起来就很枯燥，员工就会不开心，外训老师得到的评价就不好。外训老师为了得到良好的口碑，一般不会这么做。

其实，很多企业家在内心都是基于员工成长的结果来评价外训老师的。但由于没有可用的评价标准，只能通过结果来定义外训老师的培训效果。当评价结果达成共识的时候，外训老师早已收钱走人了，多数企业只能接受现实。经过几次这样的教训以后，大家就不愿意参加外训了。甚至我在某些区域听到企业高管讲“防火、防盗、防培训”，这真是培训业的悲哀。

事实上，企业家适当参加一些培训，接触一下前沿的理念和资讯，了解一下最新的管理理念和模式，是很有必要的。但让一线员工接触这样的外训，价值确实有限。

通过外训学到的方法如果与实际工作中的操作细节不能直接关联，那么员工根本就不会有收获；学不到实际的方法，也就根本学不会，更不可能实际应用，这就直接导致企业家花了很多钱，又浪费了时间，然后没有得到实际效果。

2. 传帮带的内训效果也不佳

既然外训不行，那就内训吧。于是就让销冠对其他员工进行传帮带、老带新等，但实际上销冠是基于个人能力特质和客户状况总结出来的经验和下意识的现场反应，这只能称为案例式的借鉴，并不能成为一个真正有效提升其他员工能力的系统。

之前本书提到，普通销售人员要想学到销冠的能力，就必须把销冠的能力工具化、傻瓜化。销冠自己应用这些方法是没问题的，但要让销冠把自己的销售能力变成傻瓜化的工具，实在有点强人所难。如果销冠具备这样的能力，他为什么还在一线销售的工作岗位上？事实上，能把能力工具化、傻瓜化的人只能是相关专家。所以，基于销冠案例式的分享也不会有什么效果：不但没有教会其他员工，反而变为销冠自我表现的平台，销冠更加不受管控，而且愈加桀骜不驯，导致很多员工排斥销冠，很容易造成内部矛盾和冲突。

方法用了很多，但最终导致一个共同的结果，就是没有任何作用。普通员工依然是普通员工，并没有被培养成销冠；销冠不受控的问题也依然存在，店面的业绩问题也没有解决。

导致问题出现的根本原因在于，销冠不仅总结出了自己的一套销售思维，更将这种思维变成了自身的工作习惯。**将普通员工改变成销冠的过程，本质上是销售思维习惯改变的过程。**

这个过程的实现，需要企业做两方面的工作：一是给普通员工一套傻瓜化的销冠思维系统工具；二是把这套系统工具植入普通销售人员身上，形成习惯。前面已经详细解析了傻瓜式的销冠思维标准的问题，这里再简单解析一下习惯植入的问题。

习惯是很难改变的。比如一个人平时走路习惯先迈右腿，现在让这个人改变原有的习惯，变成先迈左腿，这个人就会感到不自在，而且稍加不注意就又先迈了右腿，有时为了刻意改正过来，甚至有些不会走路了。这个改变原有习惯的过程绝大多数人都是很别扭、很难受的，过一段时间一放松就又回到了原来的样子。

我们在日常管理中经常会遇到这样的尴尬，明明知道这是对的，也非常认可，在理性的层面是接受的，他认为就应该这么做，甚至告诉你："老师，你讲得太对了，我明天回家就改。"可是真等到他去做的时候，依然还是老样子，没有变化。所以，很多企业家虽然把科学标准的工具给了员工，但是员工依然不能真正改变自己的习惯。

为了从根本上解决销冠培养的问题，我们强调改变习惯这一核心。能把普通员工培养成销冠的系统必须是销冠思维习惯的植入系统。

只有把傻瓜化的销冠思维系统植入普通销售人员身上，才能真正让普通销售人员具备销冠的销售能力，才能批量复制销冠，进而让每一个普通员工都能创造销冠业绩。

（二）销冠孵化器——销冠思维习惯植入系统

从心理学的角度讲，习惯是不可改变的，只能被替代。

依然用走路迈左右腿的例子：假设一个人习惯于走路先迈左腿，但这个习惯是错的，正确的做法是走路先迈右腿。那么这个人怎么改变这个习惯呢？首先这个人要确信迈左腿是错的，然后刻意要求自己每次走路都先迈右腿，逐渐建立起走路先迈右腿的习惯，这时这个人同时拥有走路先迈左腿和先迈右腿的习惯，想起来就先迈右腿，忽略了就先迈左腿。接下来持续强化，越来越少使用走路先迈左腿的习惯，最终用走路先迈右腿的习惯替代走路先迈左腿的习惯，这就是一个习惯被替代的完整过程。这个习惯替代过程可以简单地总结为认知、建立、固化3个阶段。

企业把普通销售人员培养成销冠，实际上要经历很多次细节习惯的替代过程。要把企业的所有普通销售人员都培养成销冠，企业就必须建设一套习惯植入系统，让上述多次细节习惯替代的过程在每个普通销售人员身上发生一次。

这个习惯植入系统，就是通过认知、建立、固化3个阶段将销冠的思维习惯植入普通销售人员身上，从而让他们建立起销冠的思维习惯，彻底成长为销冠。如图3－2所示。

销冠思维习惯的认知，将销冠思维模式进行标准化、工具化，将销冠

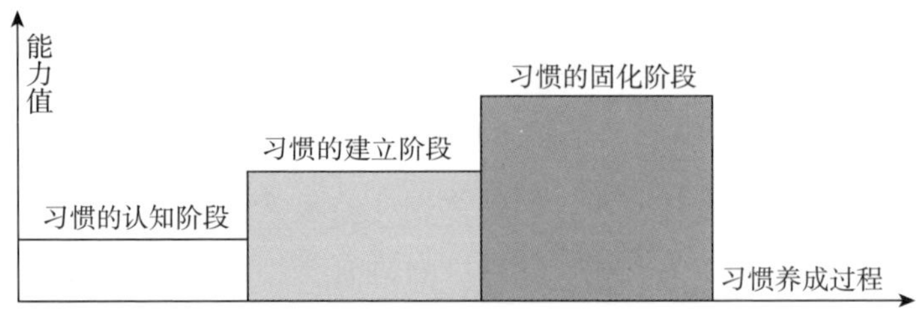

图 3－2　习惯植入系统

能力转化为一个傻瓜化的让普通销售人员可以轻易学会的操作系统，然后制作成课件教材，再去进行培训和考核。也就是让员工首先对这套工具有了认知，使他知道销冠到底是什么样的人，销冠到底是怎么琢磨客户的。

在普通销售人员有了认知之后，我们就要让他开始建立习惯，**建立习惯的过程就是多次重复正确操作从而形成思维记忆的过程。**

我曾经练过散打，老师教的时间占比非常低，大部分时间是自己训练的过程。比如我练一个直拳，直拳的动作分解为 28 个细节动作，每次打拳的时候要把这 28 个细节动作都按照标准的方法和正确顺序从头到尾反复地做，一直熟练到只要打直拳这 28 个细节动作都是完全准确的，不需要再去想我的脚蹬的动作是否标准、膝盖的旋转是否到位等，而是已经成了本能反应，这就需要重复操作足够多的次数，然后才能把这个习惯建立起来。习惯的建立其实就是重复正确的操作，这才是真正的习惯建立过程。

在习惯建立起来之后还需要进行固化。这是因为销冠思维模式的操作系统和普通销售人员之前的习惯不同，这并不是普通销售人员原有的习惯，而是通过认知和逐步强化练习形成的。这就相当于长跑运动员，每天都进行训练，可以轻松跑 5 万米，如果他两年不训练，再去跑 5 万米恐怕就很难了，这是因为身体的极限又回到了原本的状态。所以，这就需要不断地固化习惯，“三天不练手生，三天不唱口生”就是这个道理。如果不保持这种练习，这种极限就一定会退化。所以我们要把辛辛苦苦建立起来的习惯一直保持下去，这样才能把新的习惯固化下来。

我服务的药店客户就是运用这种销冠思维模式形成了一套标准化、傻瓜化的工具，将药品整个销售过程制定出了一套标准的操作系统，培养出了大批销冠式人才，支撑起了这个药店短期内的迅速扩张。而我的另一个牙科医院的客户，他的销冠医生是其他医生业绩的 9.5 倍，经过培训后，医院整体医生的业绩都得到了大幅提高，医院整体业绩翻番，而那个销冠医生的业绩提升是最大的。这是因为他此前是个人经验，而我们将销冠思维形成了科学的、标准的模式，也就是更科学的方法，原本基础很好的销冠在经过科学系统的培训后，能力得到了大幅提升。

经过上述过程，就能把傻瓜化的销冠思维习惯植入普通销售人员身上。

第二节　傻瓜化的销冠思维工具系统

把普通销售人员培养成销冠的第一步，是给普通销售人员提供一个一百分的傻瓜化销冠销售能力工具系统。其中涉及两个核心问题：一是一百分的销冠能力标准；二是把这个标准变成傻瓜化的工具系统。

（一）一百分的销冠能力标准

首先来说一百分的销冠能力。在具体分析一百分的销冠能力之前强调一下，这里谈到的销冠能力并不是企业现有销冠的能力，而是经过系统设计的一百分的销冠能力。

醒客堂 14 年的咨询过程中，积累了超千份门店一线销售人员的销售暗访视频。在这些暗访视频中，醒客堂只选择了其中 5 份视频案例作为真正的销冠人员的。也就是说，企业现有的销售人员之中，能达到销冠标准的员工只有千分之五左右。而这千分之五的销冠人员也没有一位是一百分的，能达到八十分就不错了。经过醒客堂给企业咨询落地的系统进行专业训练以后，大多数销冠的业绩都有了明显的提高，提高最多的一位销冠业绩增长到原来的 3 倍。

那么，一百分的销冠能力到底是什么样的呢？不销而销——最好的销售不是推销产品给客户，而是帮客户选择符合需求的产品。

为了让大家深刻理解这个原理，我们通过下面两个案例对比分析一下，就可以看出推销和帮客户买的区别：

有一位客户感冒了，嗓子刀割似的疼，头痛欲裂，不停地打喷嚏，鼻涕一把泪一把，太难受了，于是他到楼下的药店买药：

客户："给我拿一盒感康。"

销售人员："（拿出另一种药）这个药比感康好用，成分都差不多还便宜，拿这个吧。"

客户："没听说过这个药，平时都吃感康，你给我拿感康吧。"

销售人员："这个药跟感康成分是一样的，这个还便宜，你拿这个吧。"

……

我们不去关注后面的对话了，已经不重要了，这种情况大多数人买药时都遇到过，站在药店的角度，销售人员的做法无可厚非。对于销售人员来说，卖药和自己的业绩提成息息相关，销售人员会极力推荐利润率高的药品。

如果你遇到了这样的情况，会怎么想？"我很难受，我要快点好起来！""我希望销售人员能够多替自己考虑，照顾自己的感受，给出最适合的药，结果却发现销售人员根本没有同理心，我都难受成这样了，他却不给我好用的药，为了赚钱推荐利润高的药，根本不在乎我的健康。"此时我们的内心是极其愤怒和抗拒的！

现在药店要增加营业额非常困难，需要药店形成稳定的忠诚客户群，保证稳定的营业收入，可是销售人员的这种做法是背道而驰的。案例中，销售人员既没有销售出去高利润率的药品，业绩没有得到提升，药店也没有得到好的收益。同时，让客户抗拒和反感，药店也因此流失了一个潜在的忠诚客户。

主要原因就是销售人员不会站在客户的角度思考。所以，最成功的销售不是卖产品，而是帮客户去买。站在客户角度考虑，替他分忧，这样才能让客户成为你的忠实粉丝，营业收入和业绩自然就会稳定增长。如何站在客户的角度帮他去买呢？咱们来看下面的案例：

客户："给我来一盒感康。"

销售人员："（拿出一盒感康放在手里）先生，看您的状态不太好，您是感冒了吗？"

客户："是，感冒了。"

销售人员："鼻子都红了，不停地流鼻涕吧，什么颜色的呀？"

客户："发黄了。"

销售人员："那有没有发烧呀？"

客户："发烧了，不太严重，就是有点冷。"

销售人员："嗓子疼吗？"

客户："疼！"

销售人员："张开嘴我看一下！"

客户："（张开嘴）啊——"

销售人员："嗓子肿了，咳嗽吧？是不是晚上严重一点！"

客户："是呀！白天还好，晚上咳嗽的就厉害多了，觉都睡不好。"

销售人员："先生，您这是细菌性感冒，是病毒引起的，这次流行的感冒很厉害。看样子您是被传染了，要想快速解决问题，得先把病毒杀死，然后再配合缓解感冒症状的药。您可以用这个消炎药，针对这次流行病毒的效果特别好，我舅舅这次也感冒了，就是用的这个消炎药，现在都好了。"

客户："（看了一下说明）多少钱？"

销售人员："不贵，18 元。"

客户："行。"

销售人员："先生，看您的气质和穿着，您的工作应该还是蛮重要的呀。"

客户：“（笑了笑）还好。”

销售人员：“是这样的，先生，感康配合刚才您选的消炎药治疗感冒是没问题的，但大家都知道吃了感康以后会让人犯困，如果您工作中老是打瞌睡，肯定会影响工作状态和价值。还有一款感冒药，吃了以后快速缓解感冒症状的同时还不犯困，用这个药您就不用担心影响工作了。”

客户：“多少钱一盒？”

销售人员：“28 元。”

客户：“比感康贵呀！”

销售人员：“跟您这几天的工作和价值比起来，这几块钱九牛一毛。”

客户：“（笑了笑）好吧，给我来一盒吧。”

销售人员：“（拿出销售单开票）先生，孩子几岁了？”

客户：“4 岁。”

销售人员：“呀！这么小呀！孩子这么小特别容易被传染，您想想，要是把孩子传染了，孩子得多遭罪呀！而且您跟着一起遭罪不说，还得多花不少钱，建议您拿点×××，这几天给孩子冲一点，预防一下。可别让孩子跟咱们一起感冒喽。”

客户：“行，来点吧。”

销售人员：“先生，单子给您开完了，您到那面的收款处交钱。您过来拿药的时候，我再跟您讲一下吃药的一些注意事项。”

（客户交完钱，销售人员给客户讲完一些吃药的细节和日常注意事项以后）

销售人员：“先生，咱们留个联系方式，我是药剂师，对一般的疾病用药和日常身体保健还是比较了解的，以后您在健康方面有什么问题可以随时问我。”

……

前面买药的案例就是醒客堂为药店客户设计的销售模式，这位客户先是和我签了 4 个月的内生业绩裂变系统落地咨询服务，在第三个月的时候业绩就增长了 20%，营业额从 5000 万元增长到了 6000 万元；原来的毛利率为35%，通过我们的辅导毛利率增加到37%。整体算下来我们为他增加了490万元的纯利润，在这个过程中我们还为他培养出了两个销售经理。所以，他当即又续签了为期3个月的内生门店裂变系统落地咨询服务，在短期由14家店开到31家店，扩张了一倍的规模。这一切的基础就是这套傻瓜化的标准销售模式。

具体解析这个案例，大家会发现这是一次非常成功的销售过程。通过环环相扣的问题设计实现1+1再+1的销售结果，从而大幅提高营业额和毛利，而且客户也很满意，他能成为你的忠实客户群体，还能把你当作他身边的家庭医生。

拿我自己为例，我是肾病综合征患者，要长年吃激素药，而吃激素药的副作用是变胖，更重要的是导致钙流失和高血脂。我已经上百次去药店买激素药，但只有两个销售人员对我说吃激素药要补钙，仅这一点就可想而知，其他药店的销售人员白白浪费了多少次延伸销售的机会。

同样的道理可以应用于各种病情，大家知道几乎所有的药物都有副作用，需要相应的辅助性药物配合使用，降低患病风险。因此我们帮助药店客户把治疗感冒、胃病、心脑血管等一系列疾病的销售过程进行设计，让销售人员学会区分出不同的病情，根据病情进行诊断并对药品做科学的配比。销售人员应用以后，不仅营业额大幅增长，而且客户也非常高兴能够有人告诉他服用药物需要注意配合哪些药来吃对身体伤害才最小，把销售人员当作咨询师并成为朋友，还推荐给亲戚朋友，小圈子逐步扩展为大圈子，真正实现复购和转介绍，这就是科学、理想的销售过程。

（二）一百分标准转化为傻瓜化工具系统

明确了一百分的销售标准，接下来为大家解析一下如何将这个销售标准转化为傻瓜化的工具系统。

基于醒客堂的咨询经验，这个转化过程主要分为三个阶段：一是基于帮客户买的理念标准，设定客户购买产品的核心原则；二是基于帮客户买的理念原则划分购买阶段，形成步骤性模型；三是把每个阶段需要解决的问题聚类分析，定义每一种状况的处理方式，定义完成标准模型。

1. 设定客户购买产品的核心原则

设定客户购买的核心标准，就是站在客户的角度考虑：怎么样去买才是对自己最有利的。这个购买标准具备明显的行业特征，每个行业的客户购买标准都是不一样的。每个企业都要根据自己的行业和产品定位，设定自己专属的客户购买标准。

我们以上述药店的案例做简单的分析：药店客户买药时所遵循的购买标准有 3 个：总成本最小化、预防式治疗、基于现有消费能力。

（1）客户总成本最小化

花钱看病买药是直接成本，但是还有很多间接成本，比如身体上遭受的痛苦、生病期间工作效率低下、浪费时间、请假扣掉的工资等，这些加起来就是总成本。如果病好得快，自己少遭罪还可以节省间接成本。很多客户并不关注间接成本，但销售人员必须关注，只有这样才能站在客户的角度打动客户，让客户看到自己没有看到的需求，才能购买对客户最有利的产品。所以，我们在充分考虑客户的经济成本的同时帮他分析间接成本，使他的总成本最小化。

（2）做预防式需求挖掘

“上医治未病”的典故大家一定很熟悉，就是不要等身体出问题了，也就是问题产生了再想办法补救，而是要防患于未然在事前做好防范措施。所以，在挖掘客户需求时要尽可能获得全面的信息，有预见性地为客户找出可能忽略或是尚未察觉的需求。比如之前案例中由于客户的孩子年龄很小，很容易被传染，因此就要帮助其选择合适的药品进行预防，这样花很少的钱和时间就能解决问题，以免客户未来出现更大的损失。

（3）基于客户现实需求和能力做推荐

客户的消费能力决定了我们给客户推荐什么样的产品或服务。上述案例其实还可以挖掘其他需求，比如可以问一下客户多久感冒一次，如果客户的感冒周期低于一年，那么就可以推荐其购买免疫力方面的保健药品。但上述案例中没有提及，更多的是基于客户消费能力的考虑。也就是说，销售人员在面对客户的时候要通过各种信息了解客户的实际消费能力，要在总成本最小化、预防式治疗和现实消费能力之间做一个权衡。

基于这3个标准，我们站在客户的角度帮客户去买，客户非但不会排斥，还会乐于接受我们的推荐，认为我们是完全为他考虑，给他最好的解决方案。做到这个你就会发现实现了高留档率、高成交率、高客单价、高毛利率、高满意度、高复购和转介绍，也就是高客户终身价值。这种“六高”销售结果，是一百分的销冠实现的理想结果，也是企业要努力让每个销售人员都能实现的完美结果。

2. 定义购买过程，形成步骤性模型——顾问式销售模式

从客户的角度出发，购买过程是理性的需求、感性的决策过程。也就是说，客户需要买什么样的产品是相对理性的，没有太多的选择空间。而在哪里做购买决策是感性的，通俗来讲就是哪家让我舒服、让我喜欢，我就在哪里购买。基于这样的理解，我们可以这样定义客户的购买流程：先了解各个产品和店面，既希望看到需要的产品，又希望得到喜欢的服务；当看到需要的产品或感受到喜欢的服务以后，就深入了解一下，看看其他方面，如价格、产品功能等方面是否符合需求，如果符合就购买，否则再去下一家看看。

站在帮客户购买的角度来梳理这个环节，首先要让客户相信我们，让客户愿意跟我们分享需求，然后深度了解客户到底需要什么样的产品、喜欢什么样的服务；接下来选择店面合适的产品或方案，同时选择合适的沟通和服务方式；确定以后用合适的方式推荐合适的产品；最后处理一下客户的问题和疑虑，让客户下决心购买。基于这个基本流程，醒客堂独家研发了顾问式销售模式。如图3－3所示。

这是按照帮客户购买的流程所建立的模型，其重点在于如何了解客户到底需要什么产品或方案、喜欢什么样的沟通方式和服务。这个模型只是作为基本逻辑，每个企业的行业性质和产品定位不同，顾问式销售模式也会有所不同。企业需要结合自身实际状况有针对性地设计，量身定制只适合自己企业的顾问式销售模式，竞争对手无法进行模仿。事实上，已经有很多企业通过我们为其设计独有的顾问式销售模式实现了业绩迅速增长和高业绩门店的裂变。行业范围也涉及医疗医药、美容大健康、家居建材、房地产、汽车、服装饰品、餐饮等十几个门店类行业，经过这些行业中企

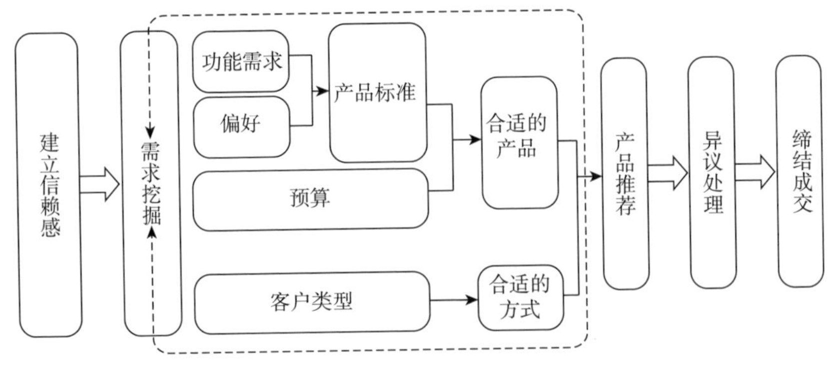

图 3-3　顾问式销售模式

业的实践验证，用事实证明顾问式销售模式是科学有效的。

3. 对每个阶段遇到的问题进行聚类分析，设计科学的应用工具系统——顾问式销售模式各阶段的工具应用解读

（1）建立信赖感

为什么建立信赖感是第一位的？因为我们买东西时内心都有自我保护意识，俗话说“买的不如卖的精”，所以面对卖家永远都在防备卖家坑自己。最常见的是客户心里想花 1 万元买，问他预算多少，他一定会说 5000 元。所以，就得想办法让客户消除这种自我保护意识和对卖家的防备，这就要建立客户对销售人员的信赖感。

我们在面对客户时要先给他一个明确的导向，树立两方面的形象：一是专业形象，我们有本事帮你解决问题还不会坑你，这是客户信赖我们的基础；二是我替你着想，为你分忧，这是我们建立信赖感的基本目标。

这就涉及如何开场，千万不要用销售的视角去卖，而是站在客户的角度帮他去买，不要上来就推荐这个产品。即使客户问到产品，简单的回答后一定要迅速切入挖掘需求，让他感觉到你在关心他，在帮他选择最合适的产品。因此，建立信赖感贯穿于整个销售过程，每个环节都要强化客户对我们的信赖。虽然要有建立信赖感的环节，但每个行业不同，企业也不一样，要针对不同企业的特点进行建立信赖感的设计。

服务过一个汽车行业的项目。原来的接待及维修方式是，客户到店修

车没有迎宾，维修技师直接问客户："车咋了？坏了？我给你看看。"客户的感受很不好。有"疑难杂症"，维修技师搞不定，就当着客户的面给技术总监打电话："喂，老刘，我这有辆车有点儿问题不知道咋回事儿，你过来给看看。"然后技术总监穿着带油渍的工作服，两手满是油污地走过来，看都不看客户一眼，就开始看车。

这样完全无法让客户信赖你，本来爱车坏了就很闹心，而维修技师和技术总监又是一副不专业又很随意的样子，客户的心情可想而知。所以，你会看到4S店修车区的车主要么是不耐烦地等待，要么就是与修车技师争执。这就是没有树立专业形象，没有塑造专家价值。为此，我们重新设计了流程和话术。

维修技师："先生，您好！我是您的专属维修技师，让我来为您的爱车做个体检，您的车哪里有状况？"在寻求技术总监帮助时一定要先给客户推崇技术总监："我们的技术总监是行业知名的技术专家，各种疑难杂症他都能解决。"再给技术总监打电话："刘总，客户的车有些状况，这位客户对品质要求高，愿意在咱家专业店面修车，麻烦您最好能给这位客户留些时间看一下车的状况。"这样既显示出技术专家的紧俏，同时也表明了客户的态度。接下来技术总监的形象要干净利落，礼貌沉稳地给客户递名片后说："先生，您的车有这个状况可能有很多种原因，我现在就给您验车，不过检查过程分六步，如果第一步就能验证问题，我很快就能告诉您；如果要到最后一步才能验证，这个过程最长需要50分钟，请您不要着急，在休息区喝茶休息一会儿。"

客户听了就会很踏实，在他预知的时间范围内就不会很焦急。也不会出现客户焦躁地问维修技师能不能看明白的现象。这就是建立信赖感的一个方式，自我保护和焦虑都是来自于对事物的不了解，让客户预知可能发生的情况，他就会认为你是专业的，并且是可信赖的。

因此，建立信赖感，树立专家形象要强调专家时间的紧迫性和价值；

树立为客户考虑的形象要把细节预知性地告知客户，让客户心里踏实。当然，这只是建立信赖感众多技巧中的其中一个，在落地咨询的过程中，醒客堂一般会根据企业的实际情况来针对性地设计一整套技巧方法，让普通员工遇到的大多数情况都有具体的应对标准。

（2）需求挖掘——合适的产品

建立信赖感要达到让客户放下自我保护意识、卸掉防御心理的程度，客户就能和我们深入地沟通，我们才能准确了解客户的需求。

挖掘需求的第一步：我们去帮他买什么，也就是我们帮他找出合适的产品。合适的产品需要从两个角度考虑：第一，他需要什么；第二，他想花多少钱，也就是他的预算是多少。绝大多数客户需要在自己最想要的理想产品和自己能够承担的最大成本之间做个权衡。

丝绸服饰店由于丝绸产品的特性，销售人员在接待客户时要不停地给客户拿衣服试穿，最少半个小时客户才能试到适合自己的衣服，甚至有的要一两个小时，店里客流又特别大，但是每个销售人员每天只能服务不到10个客户，客户流失了很多。我们总结出销售人员拿衣服的时间和准确性决定了接待多少客户，这需要精准挖掘客户的需求，提高接待能力。先确定精细的服饰搭配原则，客户一进来就对她的脸型、肤色还有体型等进行一系列观察，精准找到客户适合的衣服。后来经过反复练习，销售人员可以做到10分钟搞定一个客户，上个客户去试衣时给下个客户选好衣服，客户只需要试一两件就可以迅速敲定，接待能力大大提高，每人每天可以接待三十多个客户。

已经知道客户最理想的产品是什么，还要知道他打算花多少钱。比如客户的预算就是3000元镶一颗牙，就不要推荐他2万元的种牙。这两个标准都确定了之后就可以给他一个明确的导向，说现有的产品哪个是最适合他的，就给他推荐适合的产品。

我们在选择推荐产品时有两个方向：既要满足客户的功能需求，又要满足客户的偏好，也就是他喜欢的。

客户买衣柜就要考虑他的家庭成员的构成，女主人的衣服、包多不多，包的尺寸、分类，家里长款和短款衣服的数量，有没有老人、小孩，他们的衣物状况等，挖掘出客户对收纳功能的需求，匹配适合他的产品，还要兼顾他喜欢的，房子是什么装修风格，搭配柜子样式是简欧还是轻奢等。前者的收纳功能就是理性的功能性需求，对于产品风格样式则是客户的偏好。

之所以要有功能需求和偏好，因为消费者是理性的需求、感性的决策。对客户来说合适的产品必须先满足理性的功能需求，然后按照偏好满足感性的需求，理性和感性的需求加在一起就是客户价值。他要花的钱就是预算，客户价值与预算的比就是性价比。对客户来说，最适合的产品就是性价比最高的。功能需求、偏好和预算就是合适的产品的 3 个核心。因此，销售人员一定要在最短时间内了解客户最真实的需求，再给他选择性价比最高的产品，这才是对客户负责任，也是帮他买的基础。

（3）需求挖掘——合适的方式

合适的产品找到了，满足了客户理性的需求，接下来该解决感性的决策了。销售人员经常遇到这种情况，明明是善意地帮客户选择产品、提供建议，但是说着说着客户就听不下去了，甚至还会不高兴，销售人员就会默默地想这个客户真难伺候。

这就是需求挖掘的第二步：根据客户性格进行分析，选择合适的方式。

根据美国心理学家 William Moulton Marston 博士的研究，我们将客户的性格分为四类。如图 3 –4 所示。

随和型性格：谨慎、稳定、耐心、忠诚，他们是别人眼中最可靠的支持者。

完美型性格：以任务为中心，核心价值观是理性，注重细节、事实、程式，对准确度要求极高，是典型的思考者形象。

控制型性格：非常独立，有很强的领导欲和支配欲，喜欢掌控他人，都是果断的决策者，在生活中总是出演指挥者的角色。

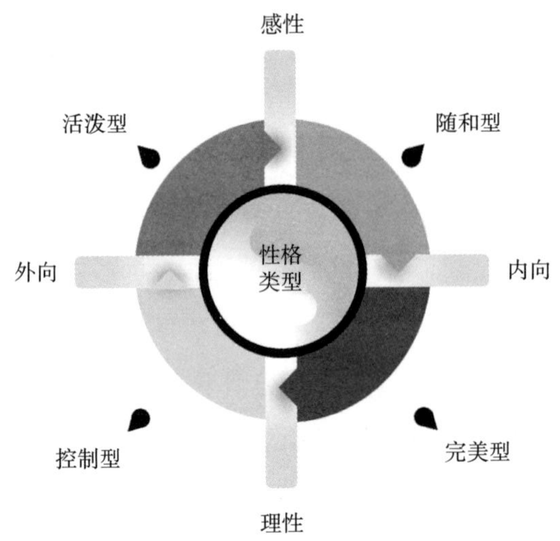

图3－4　客户的性格分类

活泼型性格：活跃、友善、开朗、热情、乐于交友、富有人情味。

你对一个控制型的客户说："这个产品对你来说是最适合的，听我的你就选它。"那他就会想："你是谁呀？命令我，还让我听你的，凭什么？"这时他的注意力已经不是选购产品，而是关注自身感受，你把他的注意力引偏了就很难成交。这就要销售人员通过客户的言行举止准确判断出客户的性格类型，从而在表达方式上"投其所好"。

好的销售人员都是根据客户性格来调整自己，同样的意思面对不同性格类型的客户就有不同的表达方式：

- "这个产品对您来说是最适合的，相信我，您就选它，保您满意！"这种表达方式适用于随和型的客户，他习惯听取别人的建议，更希望别人关心他，给他承诺。

- 对于控制型的客户就要说："您看的这几款产品中，这款和其他产品相比品质更好，更能凸显您的气质，而且物超所值，您看着如何？"控制型客户不喜欢被摆布，你把产品的优势阐述清楚让他自己来做决定。

- 对于完美型的人就要说："这款产品做工精细、品位极高，是我们店的镇店之宝，您可真有眼光，一进来就选中了我们店里最好的产品。"

- 对于活泼型客户就可以说："这款产品特别棒，大家试过都说好，您也来感受一下。感觉怎么样？是不是很不错，您太有品位了，这款产品正好凸显您的与众不同！"

还有一个关键点，销售人员要注意，客户通常不是独来独往而是结伴而行，这需要销售人员辨别出谁使用产品、谁做购买决策、谁掏钱、谁能影响购买决策、谁只是陪同的人。比如售楼处进来一行 5 个人，关系是一对情侣和他们的父母，还有情侣的朋友，父母来为情侣买婚房，情侣就是使用产品也是做购买决策的人，父母是掏钱的，情侣的朋友会影响购买决策。

我朋友夫妻俩要买房子，他们和她的婆婆一起去看房子。由于她的性格原因，在看房过程中一直处于"游离"状态，销售人员误以为她的先生和她的婆婆是决策者，所以全程忽略她，没有去了解她的需求，而是一直对着她的先生和婆婆介绍，等到最后要做决策的时候，我朋友就只说了一句"这房子我没看好"，然后 3 个人就离开了。

销售人员在服务客户时也一样适用。所以，我们要针对不同客户性格类型及不同客户组合设计出合适的应对方式和策略，这样让客户都很舒服地接受你帮他买的服务过程，更容易成交。至于如何准确判断客户性格类型和构成角色并正确应对，不同行业和产品都有不同的方法，这就需要我们设计具体的销售环节来实现。

（4）做好产品推荐

现在我们胸有成竹，既了解了客户需求，知道最适合他的产品是什么，又知道客户的性格，此时就必须同时做到用合适的方式去推荐合适的产品。客户接受你推荐产品的次数不超过 3 次，一旦超过，客户就会认为你根本没有针对他的需求推荐。第一次试探，第二次就该搞定，第三次是补错的机会也是极限，所以给客户不断推荐产品的成交率是极低的，只有随和型的客户可能会接受，绝大多数完美型和控制型的客户根本无法接受。最后，不要忘记站在客户的角度做好产品推荐，最好用的工具就是FABE法则，它就是完全站在客户的角度来考虑的。

F（Features），是产品特有的特征、特质、特性；

A（Advantages），是产品特征所产生的优点；

B（Benefits），是这个优点能带给客户的利益；

E（Evidence），就是证据，证明优点或者利益是真实存在的。

FABE的标准句式："您看这枚戒指是4爪镶嵌，因此特别显钻，钻石看上去特别大，您带上这枚钻戒以后更凸显您的气质和富贵，您试戴一下看看。"

"4爪镶嵌"是F——产品特性；"特别显钻，钻石看上去特别大"就是A——产品优点；"您带上这枚钻戒以后就会更凸显您的气质和富贵"则是B——给客户带来的利益；"您试戴一下看看"就是E——用事实来证明。

用FABE给客户推荐产品必须符合这个逻辑：前面挖掘需求，得知客户的功能需求和偏好就是B——利益点。也就是说，B一定对应客户需求，否则没有意义。基于B延展出F——产品特性，围绕特性说明A——产品对他都有哪些好处，最后用E来证明这个特性和好处是真实有效的。所以，顾问式销售模式对应客户需求是它的核心，一定要准确了解客户的理性需求和利益点，明确B到底是什么，然后再按照FABE的逻辑讲，否则就讲偏了，决策都做错了讲再多不是客户想要的都是无用功，客户就会说这些都跟自己没有关系。就好比你给在沙漠里饥渴的人一沓钱，虽然钱很有用，但不是此时最需要的。

FABE的顺序还可以根据实际需要进行调整，EBAF或BFAE等都可以，但是一定要先强调B——让客户知道对他有好处，他才有足够的兴趣，所以先确定利益点，然后再基于利益点阐述F特征和A优势。比如家具销售顾问用BFAE顺序给有宝宝的客户推荐产品："这套家具对宝宝的健康没有损害，板材是进口天然胡桃木，绝对安全环保，这是国际认证的环保证书，您看这群小鱼游的多欢快，这鱼缸就是用这个板材做的。”所以，FABE一定是基于客户利益，完全站在客户的角度考虑，通过用合适的方式不断强化客户的核心利益点，推荐的产品对客户来说才是有价值的，客户才会接受。

FABE的两个核心原则就是推荐产品次数绝不能超过3次和推荐过程中一定要准确抓住客户的核心利益点。

（5）异议处理

我们用合适的方式给客户推荐合适的产品，通常客户就不会有太多异议，这里只讲以下3种可能出现的异议及处理的核心原则：

第一种，已经想买但还想讲条件。不用理睬，直接推成交或者给一些心理满足的“小甜点”，如小赠品。

第二种，产品价值塑造不到位，有疑虑和担心，考虑是否值得。这时给赠品和降价都没有用，重点是解决客户的疑虑。

第三种，产品推荐错了，不是想要的，客户不接受找理由推脱。这种错失机会几乎无法挽回，除非客户给机会重新来过。这种情况要事后反思。

（6）缔结成交

基于成交信号做成交处理。关于推成交的方法很多销售技巧的书中都已经讲过，这里就不详细介绍了。

以上仅为6个阶段系统工具的核心概要。为了让一线销售人员有效地掌握这套工具，每个企业都要对上述各阶段工具进行细化，总结出易学易用的傻瓜式教程。具体如何基于顾问式销售模式系统工具制作教材，将在下一节给大家分享。

第三节　销冠思维习惯植入方法

销冠思维习惯的植入过程分为3个阶段：认知、建立、固化。每个阶段都有自己独有的方法，每种方法的顺序都是确定的，不能轻易调整。企业需要基于3个阶段的划分，让内训师分别掌握相关方法。如表3－1所示。

表 3－1　习惯植入系统

内容	认知阶段	建立阶段	固化阶段
1. 建立信赖感 2. 需求挖掘 3. 方案推荐 4. 异议处理 5. 缔结成交 6. 礼仪	培训＋考核	1. 内部情景模拟 2. 跟线作业 3. 辅助作业 4. 销售复盘 5. 客户资料卡设计 6. 内训师	1. 模拟 2. 神秘顾客暗访 3. 跟线作业 4. 数据分析

（一）习惯认知阶段

习惯认知的方法有两个：一是培训，二是考核。认知是知识层面的内容，以记忆和理解为主，不要求进行实际应用，所以培训加考核就可以了。

培训内容是傻瓜化、工具化的销冠标准——顾问式销售模式。其中既涉及销冠的思维，又包含销冠的知识体系。销冠思维可以通过相应课程来讲解，知识体系则是配合课程的知识库，需要在讲透原理以后强化记忆——要把每个知识点烂熟于心，实现本能反应的应用。

为了达到这个目的，在培训之后还要进行考核。很多员工自认为已经学习过了、理解了，但实际上他学到的只是皮毛，并没有理解出深度和内在的原理。而我们期望通过考核这种对他有压力的测试，来检测他是不是真的理解得足够全面，并到了相应的深度。即使他没达到学习的要求，我们也可以知道并再次进行辅导，所以培训加考核就能解决认知的问题。

（二）习惯建立阶段

习惯的建立过程分为三个阶段，共六个步骤。第一阶段和第二阶段的四个步骤是要让员工做到知其然的过程，而第三阶段的两个步骤则是知其所以然的过程，使员工深刻地理解，在实际工作中能够根据客户的情况随机应变、灵活运用。如图 3－5 所示。

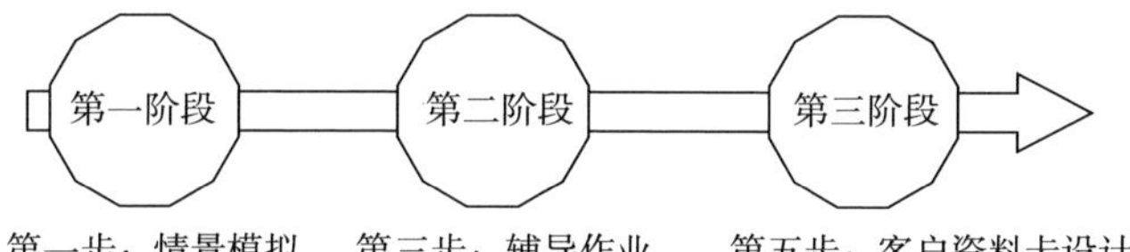

图 3－5　习惯的建立过程

第一阶段第一步：情景模拟。

当员工对理论有了认知之后，我们要给他一个应用场景，让他在这个场景中进行思考和应用的练习。之所以用使用情景模拟的方式，主要是因为对企业来说，如果给员工讲完理论就让他直接面对客户，就意味着他可能不仅损失了客流没赚到应该赚到的钱，还可能造成客户的不满意和投诉，这个不容小觑的损失是企业不愿意承担的。所以，未经专业训练的销售人员是企业最大的隐形成本。因此，我们就要给员工模拟练习的场景，把已经学到的知识进行场景化的应用练习，用自己人练习，熟练掌握之后再面对客户，这样就可以避免客流成本的浪费，并大大降低隐形成本。

还有一个非常重要的作用就是情景模拟还可以做视频拆解，在实际销售过程中总不能明晃晃地对着客户录像，而在情景模拟的过程中就可以录制视频了，这样我们就可以根据录制的视频进行视频拆解，可以反复拆分并细致地针对每一个环节的问题，对员工进行科学的辅导，进而提升员工的能力，建立员工的习惯。事实上，情景模拟核心价值就在于录制视频，帮助员工分析问题，针对客户情况进行点对点的辅导改善，这就是让员工应用化思考的第一步。

第一阶段第二步：跟线作业。

跟线作业是与情景模拟同时并行使用的，这是因为一个成功的经验老到的销售人员在销售过程中，就是在一直应用我们所教的销冠思维和方法，那么新员工就可以在跟线过程中观察到这种思维和方法在现实中的应用场景和过程，对此有相对清晰和感性的认知。在有了这个认知之后就可以和自己所做的情景模拟过程进行对比，这对他的成长会有更直接的帮助，相当于既有情景模拟训练的场景化的过程，又可以与现实中真实场景过程进行对比分析，就可以对自己所学到的内容有更深度的理解和把握。

为了能够让大家更好地深入理解，我们采用很简单的方式即做教练总结。具体操作就是当员工跟一个教练进行了一次跟线作业，也就是接待完一个客户之后，教练就要留出20分钟的时间和这个员工一起进行分析并对整个销售过程做一个完整的总结，分析客户的性格类型和客户的需求，然后总结教练在面对客户的整个销售过程中，采用了什么方法挖掘需求，是如何判断客户的需求，怎么了解的客户的预算，又用了哪些方法来推荐产品，这些在整个跟线作业的总结过程中让员工不断地进行深化、细化，使他更能够理解所学到的知识，然后能够在情景模拟中深度应用这些方法。所以，情景模拟和跟线作业的配合使用可以很好地引导员工进行应用化的思考和实际操作。

第二阶段第三步：辅导作业。

当员工已经经过情景模拟和跟线作业的考核之后，我们就进入了第二阶段，和第一阶段的两个步骤一样，第三步辅导作业和第四步销售复盘也是一起进行应用。

员工经过持续的模拟训练和跟线作业之后，已经能够半独立地面对客户的时候，这时我们就要让员工半独立地面对客户，但是教练一定要全程跟在旁边。当员工面对客户出现了解信息不全面或者对客户判断出现失误的情况，教练要及时进行补充。教练在出面补充时是自然介入，不能过于唐突使客户发现异常，这就是辅导作业。实际上，这就是教练在旁边跟着员工支援他，当他操作有错误或偏差的时候，教练就迅速帮他纠正、补充和完善。首先要保证客户不流失、节省企业成本，然后再通过这种销售教练帮助员工进行总结分析，更好地应用所学的知识，这就是辅导作业的总结教练的过程。

第二阶段第四步：销售复盘。

最理想的情况就是我们有条件能够把这个客户的所有信息都记录下来，最好是在能录音或者能录像的情况下，进行深度的复盘。深度的复盘和总结教练的目的就是要让员工知道教练为什么要去支援他，帮他去说哪些话。当教练说完这些话之后，客户的反应是否会有变化，如果有是什么样的变化，客户的决策是不是因为教练的支援有更好的结果。这样，教练和员工对接待客户的整个销售过程再进行深度的总结。

如果是销售复盘，那就需要具体分析这个客户的每一次反馈和我们跟客户的每一次沟通，因为在销售思维里都讲到在与客户沟通的过程中，客户总是会通过各种形式散发给你一个信息，你经过思考之后就要对客户有一个应对策略，然后客户再给你一个反馈，自始至终都是一个持续思考的过程。所以，我们的销售复盘就要做到每一个环节都有一次这样的复盘，这样就可以更深入地分析很多细节，相对精确了。这是一个更好的增强员工深度理解的方式，是销售工具应用的深化过程。这样，经过辅导作业和销售复盘的考核，员工就会正常应用，他就会是个成手，能够上手干活了。

第三阶段第五步：客户资料卡设计。

让员工能够上手干活还远远不够，因为我们不只是想让他深度理解和掌握，还要让他能够灵活应用，从 60 分尽可能地达到 70 分或者 80 分甚至更高，因此我们就需要第三阶段的两个步骤设计客户资料卡和做内训师来实现。

有的企业可能已经有客户资料卡了，那就在此基础上不断进行完善就可以了。如果是一个没有客户资料卡的企业，那么我们现在就需要通过新员工入职的过程设计一个客户资料卡，设计完成客户资料卡之后，只要填写完成这个客户资料卡，我们就会对客户有深度的认知和了解。新员工通过这个客户资料卡就可以确认需要了解哪些客户信息，通过这些客户信息分别分析出客户是什么样的，购买决策的支撑要素是什么，了解到客户到底想要买什么或者要买多少钱的产品，要买的产品应该具备什么样的功能和特征等一系列信息，这样把客户资料卡的相关信息都解读出来以后，就要开始进行判断，包括判断客户购买周期及购买倾向。也就是说，决策内容的判断都可以通过客户资料卡来进行练习，设计客户资料卡是一个非常有效的方法。

但是要想科学准确地设计出客户资料卡的难度是非常大的，所以初期让员工直接做客户资料卡设计对他们来说压力和难度都太大了，只有当他们已经掌握了全套的知识内容，再将客户资料卡设计作为一个深化的训练方式。所以，让员工做客户资料卡设计的前提是要保证他对所学习的内容达到了一定的理论高度，这才是时效有用的。

第三阶段第六步：内训师。

在员工已经达到一定的理论高度并能够进行科学的客户资料卡设计之后，还要打造一个能够灵活应用并完全内化的过程，那就是做内训师。**教是最好的学**，这是我们一直都在强调的方法，通过员工做内训师的过程，他不仅要做到知其然，还要能够讲出所以然。所以，员工在教的过程中就能把很多原来只是会做，但不知道也不理解为什么要这么做的原因领悟透彻，并将前后因果关系联系到一起，做到知其然知其所以然。

此时，员工在习惯的建立上来说就已经是深度习惯的建立，我们强调的这个深度，不是浮于表面的，而是真正地深入骨髓，员工有了方向知道如何挖掘客户需求、知道研究客户到底想要买什么、到底哪几个细节可以确定客户最看重产品哪个方面的功能、通过哪几个信息知道客户到底想花多少钱，有了这样的过程，能够达到这种程度，我们认为员工的习惯就基本建立起来了，接下来就是如何把习惯固化下来。

（三）习惯固化阶段

习惯的固化就是突破人员的思考极限的过程，把普通员工的思考极限拉伸了。我们已经知道如果不持续拉伸，这种思考的极限就一定会退化。所以，我们就要用一些持续的方法来保持，不过在这个阶段练习强度就会变小一些，不用像习惯建立的过程那么集中和激烈。这样我们就利用一系列习惯固化的方法，包括**基于数据分析进行深度改善、进行暗访分析和阶段性的情景模拟考核等习惯固化的基本方法**。其实，这个阶段就是一个检查和抽查的过程，也就是固定的检查和不定期的抽查相结合。

固定检查就是数据分析，每周都进行相应的数据分析，只要数据出现差异，那就说明操作出现了偏差，马上去改善。这就是一个持续的过程，关于如何做具体的数据分析，我们会在第六章数字化业绩改善会中进行详细解析。

不定期的抽查就是要暗访，暗访的目的是要在员工完全不知情的情况下，了解到员工面对客户时最真实的操作过程到底是什么样的。暗访有两个核心价值：第一个价值是能够精确发现员工对具备销冠能力还有哪些方面的缺口；第二个价值就是配合数据分析，能够验证数据分析的准确性，从而辅助数据分析准确找到具体原因。因为分析数据差异产生的原因有几种，并不确定具体是哪一个因素造成的，所以通过暗访就能准确知道具体是哪个原因导致的。

在这里，阶段性的情景模拟的价值其实跟暗访是差不多的，但是情景模拟有一个尴尬，因为情景模拟时，员工知道这是考核，就会有压力，就会努力按照规范来做。一般情况下，员工的真实水平只是情景模拟时水平的 70%，所以在实际改善的时候，阶段性的情景模拟并不能真正帮我们指导改善，而暗访是在员工不知情的情况下的自然表现，这对于我们的指导改善及数据分析的补充会更准确。所以，将这些方法结合到一起使用就保证了习惯的固化。

（四）习惯落地

上述销冠培养的认知、建立、固化工作，主要由内训师来完成。内训师培训的核心优势是实效，理想的效果是上午听完了下午回去就能用。学员在学习的过程中会觉得学习内容是和工作紧密衔接的，是有实际价值的。企业只能依靠内训来解决员工能力成长和发展问题，企业的内训师团队才是企业安身立命的根本，是企业的脊梁骨。

1. 内训师培训的核心价值

前面提到了对员工进行外训的局限，这里重点分析一下内训的价值。内训师有四大核心价值：提升业绩、复制核心人才、储备管理人才的主要来源、完善企业知识系统。

首先，内训师能极大地提升企业业绩。在实际操作中，很多企业用我们的模式后发现，企业的内训师在门店的比例越高，该门店的业绩也越高。比如一个门店有 10 名导购，其中 3 人以上是内训师，门店业绩可以实现 50% 以上的增长。但如果这 10 人中只有 1 名内训师，其业绩增长就只有 20%，主要原因就是 1 名内训师能够支撑普通导购成为销冠的比例一般是 1∶3。这是一个经验值，不同的企业会有细微差异，因为人的时间和精力有限，所以 1 名内训师支撑不了太多的普通导购。因此，内训师是直接让企业出业绩的，这只是内训师取得的短期效果。

其次，内训师能够支撑企业批量复制人才。企业有了内训师，就可以建设自己的内训系统，批量复制销冠，有了店长内训师又能批量复制店长，长此以往，企业就不会有人才短缺的情况出现。

再次，内训师团队是门店企业储备店长的核心来源。大多数门店都面临缺少优秀店长的局限。很多门店企业没办法，只能强行安排销冠当店长。销冠的核心优势是销售，并不擅长管理，结果往往造成了“毁灭了一个优秀的销冠，提拔了一个不合格的店长”的尴尬！只有把培养普通销售做内训师作为店长培养的第一步，打造内训人才升级模式，才能批量复制优秀的改善型店长，彻底解决企业优秀店长不足的顽疾。如何打造内训人才升级模式，本书第八章将会详细为大家解读。

最后，也是最核心的，内训师能完善企业自身的知识管理体系。企业要非常了解自己的业务，能基于自身业务操作形成一套标准化的模式，让每个员工只需要傻瓜式的操作，这就需要有人对自身的业务进行总结，把最好的方法标准化、傻瓜化。毫无疑问，这就是内训师的核心职能，优秀的内训师在企业内部对业务进行总结并形成标准化的研发团队。比如销售家具的企业，销售时怎么做才最合理？如何才能真正掌握客户的心理？这种顾问式销售模式就应该由内训师来做系统研发并进行细化，所以内训师既能帮助企业出业绩，又能批量复制人才，还能够做相应的知识系统的管理。

知道了内训师的核心价值，缺少专业内训师的企业自然要考虑内训师的培养。由于内训师的培训是以内容制胜，内训师培养的核心点在于内容的科学和严谨，而不在于培训技巧。本书第四章详细讲解内训师的核心工具的应用技能。

2. 销冠培养体系落地推进

企业已经掌握了销冠思维习惯植入系统，现在就需要将之落地实施。在新员工上岗后针对他的能力缺失点进行弥补和改善，真正地固化他应具备的销冠思维习惯。所以，入职培训就要把需要进行猛火攻来建立起来的整体的销冠思维习惯都完成，建立完习惯之后再让他进入工作岗位，这样做保证了新员工到工作岗位上就已经是成手了，他可以很快出业绩，就不会因为不能迅速进入状态而出现不必要的流失。同时，通过这种淘汰制的入职培训，通过官方统一传递的正面的且全面的信息，可以使新员工打消对企业的疑虑，接受企业的文化并使之得到很好的传承，为新员工成为未来的销冠式人才打下了良好的基础，为企业实现业绩裂变和规模扩张提供了优质的人才储备。

为此，我们要把新员工入职培训模式整理成为一个基于淘汰制的入职培训系统，在第五章中会详细讲解如何操作。

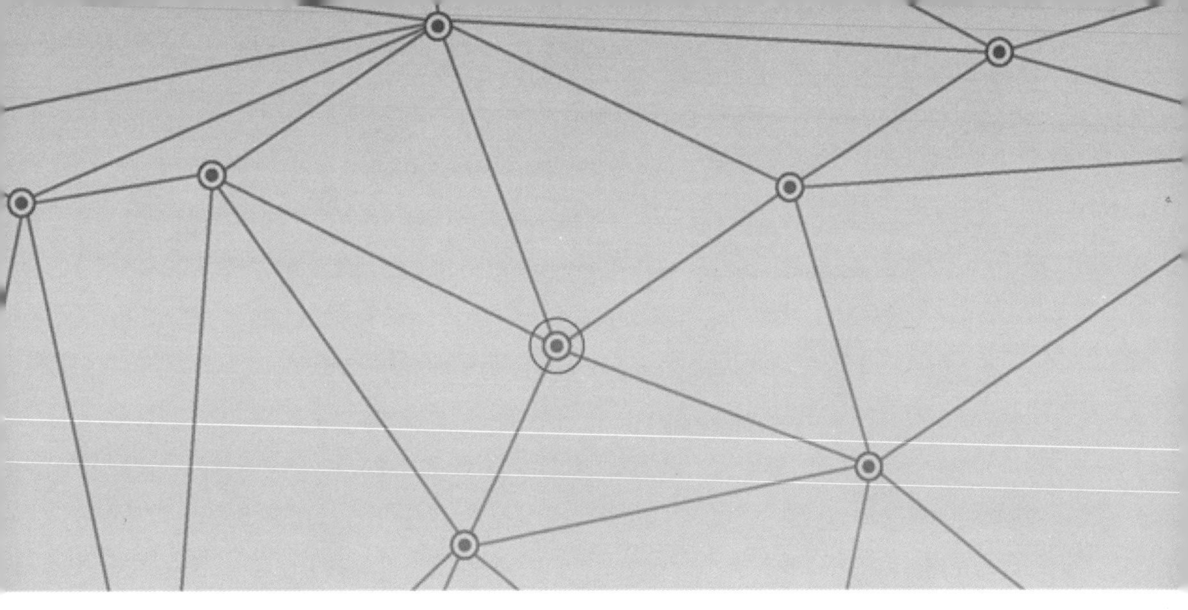

第四章

销冠孵化核心工具操作要点

销冠孵化过程中，有 3 项核心工具难度较大，分别是培训课程设计、情景模拟和销售复盘。仅依靠企业自身力量很难掌握这些方法，因此本章针对销冠孵化过程中难以掌握的核心工具进行解析，帮助大家切实落实销冠孵化能力。

培训课程的核心不在于培训技巧，而在于课程内容的设计。课程内容的目的性和逻辑性决定了课程质量，本章第一节给出了科学的课程设计方法。

情景模拟是习惯建立的核心方法，不仅要真实，能找出问题，给出解决方案，还要让普通销售人员无障碍地接受。这是人才培养方法中最难掌握的方法之一。本章第二节给出了情景模拟的具体流程和操作要点。销售复盘的方法和情景模拟类似，在第二节中一起介绍。

第一节　培训课程设计

当企业制定出傻瓜化、工具化的销冠标准——顾问式销售模式之后，就需要内训师把这个标准做成教材进行培训，让每个员工都能接受并深度理解这个标准，以保证未来能有效执行这个标准。

对大多数企业来讲，让企业内部的员工做教材是一个巨大的挑战。日常与企业家交流的时候，听到最多的反馈就是：大部分员工就是原来不愿意学习，所以才到民营门店企业工作，这样的员工自己都学不明白，还怎么做教材教别人？

现实情况也确实如此。醒客堂咨询团队在服务客户的时候也经常看到企业内训师制作的销售教材，大部分以产品知识为主，而且教授过程是纯知识性的讲解方式。至于在实际工作中如何应用这些知识，教材中没有任何指导。员工学习这些知识以后，还要自己总结转化才能应用。

前面提到大部分员工缺少这样的学习意识和转化能力，因此员工普遍认为内训师教的东西没有用。大家会发现，这样的教学课堂上大部分人不能投入学习，或者发呆，或者玩手机，或者睡觉。

这样的内训当然是失败的，既浪费了大量的人力、物力，又没有对企业的绩效产生实质性的帮助，而且造成了员工厌学，可以说是赔了夫人又折兵。

企业要做的是为内训师提供一套标准化、傻瓜化的实效教材制作工具，让内训师制作教材时直接按照这个逻辑往里面填空就行了，这样就可以批量培养能制作专业教材的内训师。

（一）培训课程设计的万金油——大师的逻辑

管理咨询行业有句行话：“不要重新发明轮子。”培训教材的设计已经有很多成熟的方法，我们选择科学的方法借鉴即可。很实用教材设计逻辑就是夏晋宇老师的《大师是怎样炼成的》，所以我们依据这个形成了培训课程设计的核心逻辑。如图 4－1 所示。

这就是我们培训课程设计的三级大纲逻辑图。先来看一级大纲，就是先挖出痛点，痛点其实就是经常发生的让我们难受的事、棘手的问题；然后给出方法论，也就是独到的解决办法；接下来讲具体操作的要点是什么；最后是实操的落地方案，制定行动计划。

把挖痛点放在第一部分的主要原因是，即便内训师是以内容取胜，也需要让员工感兴趣、愿意听，不能枯燥乏味。但我们又不能用外训的方式调动情绪和氛围来吸引人，所以就先来挖痛点，这样就有非常强的代入感。结合二级大纲来看，挖完痛点也就是描述完现状，再来研究它造成的

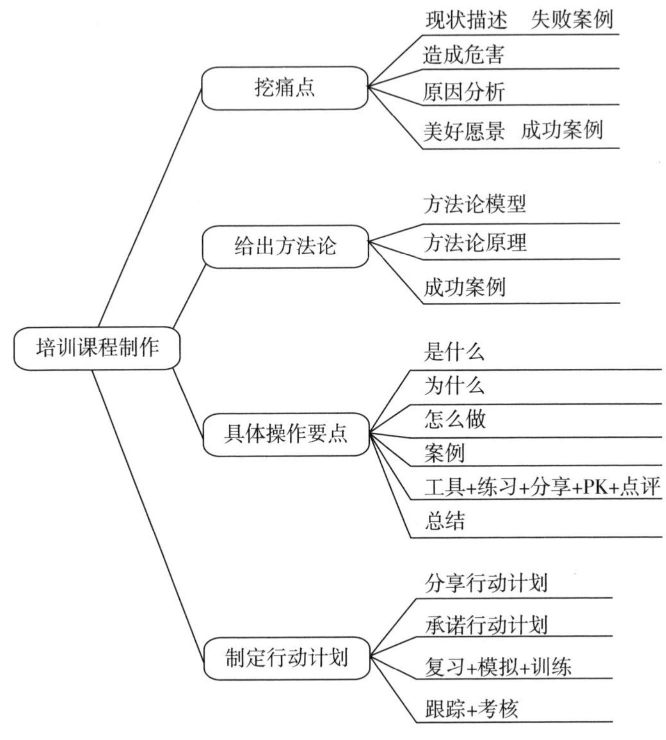

图 4－1　培训课程制作

危害，这是以一个痛苦的、经常对他有危害的事情为起点，讲的是危害他的事，他自然就会有很强的代入感，因为人是有同理心的。一旦事情发生过，再回想起时就会还原当时的场景并把自己带入场景，所以不是你的培训技巧多么好，而是培训内容太吸引他了，让他觉得“这就是我每天面对的问题”，他想知道如何解决，所以就有更高的投入度和参与感。接下来要给他分析造成这种危害的原因，如果能够解决这个问题将会带来什么样的美好愿景，这就是第一步的痛点教学，学员有了痛点并想解决就会愿意听。

由于痛点是不科学的习惯做法导致的，培训的目的就是让学员做出改变，而习惯的改变又是非常艰难的，所以挖痛点的第二个作用是激发他改变的欲望。一般来说，有两种动力能让人做出改变：一种是逃避痛苦，另一种是追求幸福。我们在挖痛点的过程中尽可能把两种动力都给学员，不仅要让他为了追求幸福而行动，还必须让他立刻产生行动去战胜痛苦，让他产生改变习惯的强烈欲望。

我有个习惯，就是每天晚上对白天发生的事做一个总结，反思自己哪里做得有问题，下次再遇到应该怎么做才最合理。我也告诉员工要坚持做总结，刚开始为了固化这个习惯一定要写日记，写下今天发生的事，自己做的有哪些问题，应该怎么改正，渐渐地就可以像我一样做到时时总结，不需要去写日记了。而这个习惯是可以改变人的一生的，因为不断地反思和总结可以自我提升。我和很多学生、职员，甚至包括公司高管都讲过这件事情，只要坚持这个习惯，两年之内一定能升级，甚至很多人半年、一年就升级了。我曾经做过试验，200 人，猜一猜有多少人真的去改变了？结果只有不到 10 个人。

我之所以在专业研究上能有一些收获，一个是我不停地总结，还有一个就是不停地讲授，我一直说教是最好的学，因为教授就要知其然知其所以然。但人们追求美好的动力根本不够，即便有非常科学的成功方法，可人的习惯很难改变，只有挖他的痛处才能让他真的有改变的意愿并坚持下去。

挖痛点的第三个作用就是帮助内训师掌控全场氛围，使内训师迅速进入状态，因为内训师也有这个痛点，他就是经过这个学习改变的，用这种方法才有效果。所以，他讲的时候是很自然地抒发，就不会在台上紧张得发抖，喘不上气，因为他讲的是有感受的真实案例。因此，这个痛点一定要作为课程的第一部分。

挖完痛点接下来就给出解决痛点的方法论，方法论的形式也很重要，要使人容易记住。美国心理生物学家斯佩里博士研究得出，人的左脑可称作“学术脑”，负责逻辑记忆，而右脑称为“艺术脑”，擅长于空间形象记忆；逻辑记忆的特点是记的速度慢，但是记忆持续时间长，不容易忘掉，而图像化记忆是当时记下来很快，但是记忆持续时间很短，也就是很容易忘掉。怎么才能既记得快又能记得长久？用左右脑联合记忆法，也就是既有图形又有逻辑，最好的方法就是把内容转化成逻辑图，逻辑图既有逻辑又有图形就可以很容易记住。所以，我们用逻辑图的形式把方法论抛出来，使人产生深刻的记忆，而这个方法论又是解决痛点的，学员就非常愿意深入了解。

接下来就是第三部分，也就是有了整体的方法论，学员还不知道怎么做，也就是操作的细节和要点是什么。在什么环境下该如何去应用？我们要把每一个操作细节的具体操作方法进行详细的讲解，结合案例分析，然后再带着大家练，一定要现场练习，这样就基于总体的逻辑图，把每一部分的具体操作要点和方法都细致地拆分，讲解清楚原理，再带着学员练习熟悉，这就相当于在课堂上先让学员对方法论有了基本认知再帮他建立习惯。

但是前面已经说过习惯的养成是很难的，所以课堂上的练习不代表习惯就能真的建立起来。为了把习惯建立起来，我们就要在课后留作业进一步建立和固化这个习惯，这就是培训课程制作的第四步——制定行动计划。然后，让大家有效地执行行动计划，最终使员工养成习惯，实现能力的改变。那么具体要如何建立习惯？我们将在下一节给大家讲如何依靠情景模拟和销售复盘建立习惯。

根据这个培训课设计的逻辑，可以让大家愿意听、听得懂、记得住，再通过练习就可以用得了，回去还可以深化、细化、固化，这个课程就非常有价值，对内训师来说讲课也会很容易。

这本书及我们几乎所有的教材都是按照这样的逻辑来撰写的，首先讲解总体的逻辑，然后每一章、每一节的逻辑依然按照这个挖痛点、给方法论和具体操作。当你掌握这个逻辑之后，你就会发现这本书很容易阅读理解。

（二）培训课程设计的操作要点

现在就来给大家讲具体的操作要点，也就是三级大纲逻辑图里面的二级大纲的操作节点。为了方便大家的理解，我将结合上一节顾问式销售模式的内容结构进行拆分讲解。

1. 挖痛点

挖痛点分为四个小部分：第一部分是现状描述，通常用讲案例的方式来描述现状，用案例的好处就是案例是客观描述，没有主观色彩，让学员听起来是自然的，不会觉得你是在刻意引导给他灌输思想，就没有洗脑的感觉。而且前面也讲到用事实描述的痛点有很强的代入感，所以开篇案例一定要讲失败的案例，这样学员感性的情感就被调动起来，现在请大家回想一下关于卖药的失败案例，就是销售痛点的现状描述，但是这个时候还不足以让学员产生触动，因为他已经习惯了，甚至认为已经不可改变。

此时就进入第二部分，如果你还不改，任其发展，那么就会给你造成很大的损失和危害，让你坚定地必须改。这就是针对失败案例所造成的危害进行分析，失败的销售会导致业绩下降，还会造成客户不满意进而客户流失，最终公司赔钱等一系列的危害。讲造成危害的目的是告诉他这么做已经给他造成了巨大的损失和不良影响，如果再不改后果会更严重，所以必须得改。此时，已经让他从感性上做了决定：坚定地必须改。

不过这只是感性的决定，还没有落实到理性的行动上，那就进入第三部分给他进行理性客观的原因分析。一方面让他相信这是可以改变的，帮他梳理出解决问题的重点，也就是你现在只是在销售而已，所以业绩不佳，要想解决这个问题就是最好的销售不是卖，而是帮客户买，这就是销冠思维；另一方面可以引出我们的核心——方法论。进而实现主动性的转变，不是我要主动教你怎么办，而是因为你太需要知道应该怎么办，所以不是我们灌输给你，而是基于你的需求帮你找到最科学的方法。你迫切地需要这个方法来主动寻求帮助，必须要来听这个课程。可以理性地知道这个习惯可以改，而且有很好的方法去改，他就会期待你把方法论告诉他。

但此时还不是抛出方法论的最佳时机，还要继续吊他的胃口，让他着急地想让你赶紧教他，那就是第四部分告诉他，如果你用我的方法解决了这个问题，那么就会实现一个非常完美的成果、一个美好的愿景：“你用了我的方法就可以成为销冠，你的业绩就会突飞猛进。”这样把他的情绪推到至高点，他已经在最大程度上渴求我们的方法论，这时候时机成熟了，再用非常有冲击力的方式把方法论抛出来，销冠的思维到底是什么样的，此时抛出顾问式模型。

现在大家再来看顾问式销售这一节的第一部分是不是就已经清楚内在的逻辑了呢？先给出失败案例进行现状描述，然后对这个现状造成的危害进行阐述，之后原因分析和解决之后会达到的效果。

2. 给出方法论

时机成熟是时候给出方法论了，为了方便记忆就要使用左右脑联合记忆法，要把我们的方法论整理成一个逻辑图。逻辑图有内在的原理，最终目标是要分步骤地实现这个方法。之所以要分步骤，是因为既然这件事有痛点，那就是长期存在很难处理和改变的问题，就需要分成小部分来分解。分解后可以帮助我们进行结构化的思维，找到问题的细节关键点，才能把问题梳理清楚并解决，否则依然无从下手。所以，我们在做整体的方法论时也一定要分出每一个部分，首先讲清楚几部分，每部分的内容是什么、怎么回事儿，其中的关键要点都有哪些。然后说明每个部分的内在逻辑关系，只有说清楚内在关系才能让人记住。

大家应该能清楚地记得顾问式销售模式的逻辑图，顾问式销售模式就是一套完整的逻辑，用图形结合逻辑关系形成逻辑图。有了这张逻辑图也并不代表大家能立刻理解，所以要给大家讲原理，让大家深刻地理解为什么这个方法论的逻辑图就刚好能解决痛点。这里有个很强的内在联系，就是一个教材的内容一定要前后呼应，讲原理的目的是基于这个原理，通过这几个步骤和它们之间的衔接关系刚好就能把前面那个痛点问题搞定，把那个分析出来的原因解决掉，痛点也就随之消失了。可以确定一个核心点就是逻辑图一定要和原因分析的问题一一对应，通过讲解逻辑图找到产生问题的原因，使学员相信用这个逻辑真的可以解决前面的问题。

现在学员已经在理性层面接受了方法论，我们讲过顾问式销售有FABE法则，好处、优势已经讲完了，这个时候再抛出一个成功的案例作为证据。让学员从感性层面感知到这个方法是完全可行的，因为有成功的真实案例，这是真的可以做到的。

我先给了大家顾问式销售模式的逻辑图，然后基于逻辑图给大家讲了逻辑图的原理及内在关系，最后给大家列举了我的开药店的客户使用这套方法论业绩增长了20%，毛利率提高了两个百分点，并且还实现了门店裂变的这一成功真实案例，现在你对这个逻辑就很清楚了吧。

3. 具体操作要点

原理讲清楚了，就要开始具体讲每一部分的操作细节和要点。通过是什么、为什么、怎么做、再结合案例进行讲解、工具+练习+分享+PK+点评、总结这六步层层推进，把操作要点讲清楚。

明确“是什么”是要先知道这一步要做什么，定义清楚这是什么；“为什么”就是讲清楚原因，为什么要这样做；“怎么做”就是具体要怎么操作；再结合案例进行分析；后面的工具+练习+分享+PK+点评和总结就是课程的现场互动练习。在“是什么、为什么、怎么做”这三个步骤中也会有一个挖小痛点，原因分析的逻辑关系，但是在这里主要是给大家讲应该如何操作，所以就不必过于强调这个挖痛点的过程。

请看本章关于顾问式销售模式的应用解读，就是顾问式销售模式的具体操作细节，在这里每一步骤也都是按照上面这逻辑来进行的，先给大家明确什么是建立信赖感、什么是挖掘需求合适的产品、什么是挖掘需求合适的方式等，然后就讲为什么要建立信赖感，为什么要挖掘需求，后面再说怎么能建立信赖感、怎么能充分挖掘需求，在讲解操作要点的同时结合修车、卖服装、治牙等一系列的案例来了解具体的操作方法。比如通过专业形象塑造去建立信赖感、观察和分析挖掘客户的需求给他选择合适的产品、看客户的服饰去判断他的预算、根据客户不同性格用不同的应对方式等，这些不仅是实际操作的案例，可以让学员看到用这个方法取得成功，也给每一步的具体操作细节做了说明，方便学员理解。

然后就是现场的互动练习、分享、PK、点评和最后总结，这些练习就不具体阐述了。

4. 制定行动计划

制定行动计划的主要目的是为了让大家能够主动接受下一步的考核和模拟训练。有个现实的问题就是在课堂学完回去到底能不能应用呢？有一部分特别优秀的人回去就可以用了，但是大部分人还不能靠自己来实现实际操作，这就需要不断地复习、模拟和训练。所以，我们加入复习考核和模拟训练的过程，排出相应的计划，相当于是一个跟进习惯建立的过程，让大家按照这个方式去建立习惯，真正掌握所学的内容，基于这个目的在对他进行练习考核、模拟训练时就不会排斥并很容易接受，从而实现培训落地，活学活用。

这就是完整设计培训课程教材的逻辑和方法，逻辑图已经给出了教材制作的框架，如果企业内训师能掌握这套逻辑，基于顾问式销售模式将企业中导购所需要的销冠技能都做成这样的教材，那么批量复制销冠的教材系统就应运而生了，也就形成了完整的销冠复制培训模式。所以，企业想要培养内训师并不难，想要批量培养内训师也很容易，只要掌握这套逻辑，内训师就可以讲清楚，进而再由这些内训师来批量复制销冠。

第二节　情景模拟与销售复盘

当员工经过认知性的培训考核以后，就要建立销冠思维习惯。建立习惯的核心方法是情景模拟和销售复盘。

（一）企业现有模拟训练的问题

很多企业家也意识到给员工讲课只是让他被动地接受，就希望通过一些练习的方法改善员工的能力，所以也应用了一些模拟的方法。但是，这些方法并没有作用，效果并不理想。更多的像是一种游戏，员工们模拟了一些销售场景，不是笑场出戏就是牵强附会，就是为了演而演，没有实际意义，更别说通过模拟提升员工能力了。

为此，我们观摩了多家门店企业的模拟练习过程并进行分析，发现情景模拟的问题有两个：模拟前的准备和模拟后的沟通。

1. 模拟的客户不真实

模拟练习和销售复盘之所以有实际的应用价值和作用，就是因为客户的行为是符合逻辑的，就好比一个上身穿西装的人不会穿个大短裤就出门，也不会在西餐厅要一头大蒜蘸醋吃。所以，很多人在模拟前没有设计好“虚拟客户”，模拟过程中的“虚拟客户”行为不符合逻辑，也就是客户不像客户，行为怪诞，与实际情况相差甚远。怎么能通过模拟分析出来员工思维层面有什么问题呢？

有了一个接近真实的“虚拟客户”进行模拟，在模拟之后要进行深入的沟通，找到问题并就改善策略和目标达成高度一致，然后让员工扎实执行这个改善，模拟才有价值。这其中的核心点是改善策略的制定。

2. 客户接待过程没有标准模板参考

科学的改善策略并不是凭感觉制定的，而是基于科学的标准。这个标准就是销冠思维标准——顾问式销售模式。员工在接待客户的过程中，达到什么程度才算是具备了销冠的能力，是在模拟之前要说得清、可以衡量的。

很多企业还没有将销冠思维标准化的情况下，就开始进行模拟练习，练习结束之后，因为没有标准，所以无论是教练也好、员工也罢，谁也不知道哪个答案是对的，什么样的沟通过程才是有价值的。于是在模拟点评时，大家完全没有方向。结果员工晕头转向、不知所云，怎么可能指望员工通过这个模拟提高业绩呢？

模拟是要有针对性、有标准、有练习之后希望能达成的状态，如果连目标都没有，就相当于去打靶，却不知道靶位在哪，打再多枪也是没有用的。所以，没有标准、没有目标和方向去做模拟练习就是在白白浪费时间。

就是因为这样，没有准备好“虚拟客户”，也没有科学的改善标准。做模拟岂不是没有任何意义？也浪费了大量的时间，同时，员工也对此排斥。在我接触的很多企业的员工一说到情景模拟就开玩笑地对我说：“王老师，每次情景模拟我们就像蹩脚的演员似的，上去比划比划就完事了，没什么用不说，还耽误我们卖货。”

这样的模拟没有价值，我们就要做出调整，摒弃原有的方式，用更科学、更靠谱的方式来做情景模拟和销售复盘。前面已经给大家讲过顾问式销售模式了，也就是标准已经有了，也已经转化为易于操作的工具，我们就只需要把模拟的流程做得科学化，也就是有一个逻辑严谨的规范并按照规范来操作，能够让大家真正在这个过程中了解到面对一个真实的客户应该如何去应对和反应。我们把这个过程制作成一个接近于真实的视频，那么这对于员工的训练就产生了很高的实用价值，所有的行为都是符合逻辑的，客户更真实，这样就能够让员工从根本上认识到自己的问题在哪里并进行相应的改善，让模拟训练的效果事半功倍。

（二）模拟训练的科学方法

基于模拟训练要有明确的标准和科学的方法，我们按照这个方向制定了模拟训练的流程以保证模拟训练的效果。需要特别强调给员工进行模拟训练的一定是专业的教练而不是企业的讲师，因为在模拟训练的过程中有很多关键的技能是普通讲师无法掌握的，很多时候如果操作不当就会适得其反。而专业教练则可以保证模拟训练不出现偏差。图 4 - 2 就是模拟的流程：

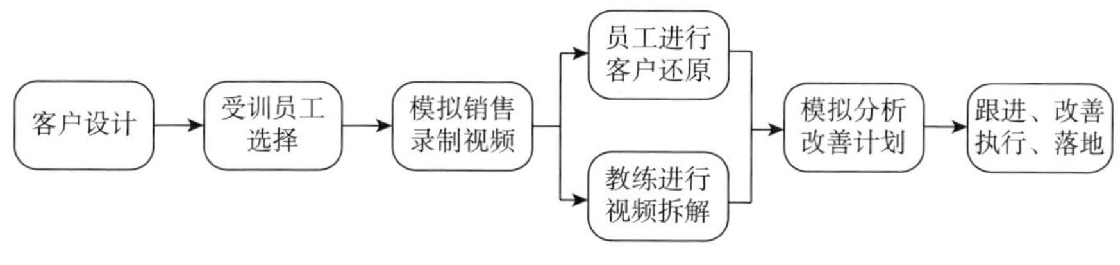

图 4 - 2　模拟流程

第一步，进行客户设计。客户要有客户的样子，这样在销售过程中才能像是真的销售场景，内在逻辑严谨，模拟销售的过程更真实，也就是剧本一定要源于生活、贴近生活。

第二步，受训员工的选择。也就是被模拟对象的选择，有了剧本就要有演员。

第三步，模拟销售并录制视频。这就是模拟的过程，为了便于后面的视频拆解，所以在这里需要有员工同步录制全过程的模拟视频。

第四步和第五步是员工和教练同时进行的，教练在拆解视频的同时，被模拟的员工和其他在旁边观察的员工要同步对客户进行还原。

第六步，做模拟分析及改善计划。模拟练习后要有过程和结果的分析，而且要针对发现的问题制定相应的改善计划，这样才能保证模拟是有作用的。

第七步，跟进、改善、执行、落地。只是有计划还不行，还要让员工去改善、执行和落地。在这个过程中，要跟进改善计划，促使计划落地，这样就是一个科学的模拟流程，既保证了模拟过程的真实严谨、符合逻辑，又能有标准、有要求地帮助员工发现问题并改进，最后实现改善的执行落地。

需要注意的是，一定要公开地做视频拆解，在模拟销售过程逻辑严谨的前提下，我们用照镜子的方式帮助员工进行总结、分析、优化、建立习惯。实际上模拟的原理就是照镜子，我们用这个模拟流程把照镜子的过程做得科学严谨，这样就相当于用照镜子的方式把员工最真实的一面展现出来，让员工能看到，其他人也能看到，问题都能展现出来，进而大家就能得到很有效且很迅速的改善。

模拟训练可以说是在企业内生业绩裂变中最关键的一个核心点，在我们合作的客户中，几乎全部客户的业绩改善都是从情景模拟这个环节开始实施时发生的。也就是说，前面的环节都是在打基础、做标准，而情景模拟是落地的核心环节。所以，在情景模拟这个环节一旦开始落地，客户就可以很快看到业绩改善，可以说情景模拟是把业绩裂变科学的方法从理论走向实践的关键节点。

（三）情景模拟的操作要点

第一步，客户设计。教练要基于客户的特质及相关细节来做细致的系统设计，一般涉及客户性格方面就由教练本色出演，客户的需求进行单独设计，因为让人去做性格的模拟非常难，容易造成模拟偏差。通常情景模拟都会有一些局限，教练性格也比较固定，这就需要不停地换教练，不然每次模拟都一样，模拟到后来就会没有效果了，就比较受限了。

以药店为例，设计一个买药的客户，不仅要包括客户个人的特质、身份、工作性质、服饰的设计、他的预算是多少，甚至还要设计出他周围的圈子是什么样的、他的病情和病症的表现、病根是什么及客户的家与药店的距离是多少，因为这个距离会决定员工要不要向他推荐办理会员卡。如果员工没有问客户家的距离远近这个问题，那他就没有办法去判定是不是应该给这个客户推荐办理会员卡或者应该推荐什么样的会员卡。这样设计的客户可以说是一个我们掌握的信息非常全面的活生生的人物，这样设计完成后就有一个好处，在模拟这个客户的时候就是一个完整的系统的虚拟客户，他不会出现任何没有逻辑的行为，受训员工在模拟时就可以根据客户这种非常接近真实的行为反应做出应对策略，这也是设计客户的核心的价值。

为了设计出更科学的客户形象，最好的方法就是在开始模拟前填写一张客户资料卡，下面给大家展示的是药店的一个初期模拟的客户资料卡，此卡只是雏形并非最终应用的实际版本，仅提供给大家进行参考。如表4－1所示。

表4－1　客户资料卡

<table>
<tr><td>性别</td><td></td><td>年龄</td><td></td><td>服饰</td><td colspan="3">高□ 中□ 低□</td><td>职业</td><td></td></tr>
<tr><td>病症</td><td>病灶</td><td>主药</td><td>附药</td><td>地址</td><td colspan="5"></td></tr>
<tr><td></td><td></td><td></td><td></td><td>关注点</td><td colspan="5">价格□疗效□安全健康□</td></tr>
<tr><td>病根</td><td>去根药</td><td colspan="2">用药史</td><td>会员</td><td>是□</td><td>否□</td><td>备注</td><td colspan="2"></td></tr>
<tr><td></td><td></td><td colspan="2"></td><td>预算范围</td><td colspan="2"></td><td>预设异议</td><td colspan="2"></td></tr>
</table>

有了详尽的客户资料，那么就由教练来扮演客户，而教练的所有行为全部都是基于这张客户资料卡上的信息。

第二步，受训员工选择。接下来就是选定一个受训人员，也就是在情景模拟中扮演销售人员的被模拟员工。我们都清楚被模拟的员工是整个过程中收获最大的，被模拟的人感受特别明显，也是能够真正在本质上进行自我反思的，因为照镜子的那个人就是他。

在这种情况下，在选择的时候就要根据现场员工的成长阶段和进度来选定受训人。往往在初期模拟阶段遵循的原则就是先找出模拟练习次数少的，再从中选出心态好的，最后挑出中等水平的。

具体操作是这样的，我们在选人的时候**首先要考虑这个人到这个阶段是不是该接受模拟训练了**，如果他是现场员工中接受训练次数最少的，或者从来没有接触过模拟训练，就要尽快选他。因为训练次数很少或者完全没有接触过，他就不会有基本的能力，所以要让他尽快接受训练来提升能力。

如果在这种情况下有这种需求的员工很多，那么就在他们中间选出心态比较好的员工。这样的员工有一个优势，就是他不会在模拟的时候因为抹不开面子而畏手畏脚，更不会因为不好意思在照镜子的过程中只顾及自己的情绪而忽略了找出问题改善的目的。即便是挑他的毛病，他也很容易接受，他泰然处之的表现也会给其他员工做个好榜样，大家就都放得开了。

然后在此基础上尽量找一个中等水平的员工。这个人的表现既有一些好的地方，也有一些坏的地方，这样在拆解视频分析的时候更正向一些，不会出现极好或者极坏的极端情况，既要总结出做得好的地方，也要总结出做得不好的地方。

第三步，模拟销售，录制视频。这一步就是开始实际模拟操作，在这个模拟操作的过程中，教练要尽可能真实还原客户资料卡中的客户状态，模拟的地点一定要在销售现场进行，也就是实景演练，在这种情况下做模拟才是有价值的。

在模拟的同时一定要全程录像，录像的基本要点是要尽可能在不太嘈杂的环境下录制，保证声音清晰，摄像师也要把模拟中的每一个人说话时的表情尽可能捕捉到，这样录制的视频几乎完全还原了真实的模拟过程，语气和表情都非常清楚，从而方便判断客户真实的心理和反馈，否则是无法进行判断的。

第四步，员工进行客户还原。模拟过程结束后，第四步和第五步是并行的，在教练进行视频拆解的同时，被模拟的学员和其他在旁边观察的学员一起来做客户的还原，让他们基于被模拟人员的整个销售过程总结出全部的客户信息，并填写客户资料卡。也就是视频录制完成后，员工们看视频并进行分析，分析的过程其实就是在思考，将所学的知识和实际操作进行内化，通过分析来判断在某个节点做哪些应对，到那时候应该做那个应对了，这个时候他们就已经在成长了。所以，通过员工看视频还原客户的过程，就能够使员工在不自觉中得到了成长。

分析完成后，员工再填写客户资料卡，这样就可以保证模拟的客观性，因为这样就可以把员工填写的客户资料卡和教练填写的客户资料卡进行对比，做完对比之后，再细致地去分析是由于受训人员没有去做这样的了解，造成了客户信息不全面，还是由于操作过程存在偏差，导致客户反馈的信息不准确。这样就可以客观分析出问题的原因，这个模拟才有实际的分析价值。

第五步，教练进行视频拆解。教练进行视频拆解，拆解的过程就是把刚才说的每一次客户给我们展示出来的信息收集起来，经过分析后再去和客户进行沟通，客户又给我们反馈回来的信息，这种反复沟通的小循环进行拆解。如图 4－3 所示。

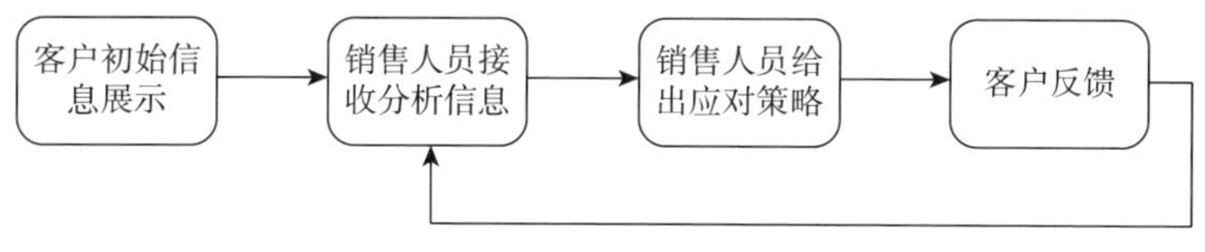

图 4－3　视频拆解过程

每一个这样的循环都要拆出一个个单独的视频小段，一般而言，一个完整的销售视频可以拆分出 20～30 段视频，如果拆分得过少，一般原因是大家对于顾问式的销冠模式理解得不透彻！

教练拆解视频的同时，要针对每一段视频进行精细的分析：找到员工做得好的地方，设计出一个相应的问题方式，让员工认可这种方式，并且能够把它发扬光大；找到员工做得不好的地方，这个做得不好的地方需要重点分析，寻求改善方案。

实践中，很多内训师习惯于拿着视频直接和员工进行沟通，这是一个高风险的操作。如果内训师没有提前做好准备，现场很容易漏掉一些问题，员工的学习成长就会受限；如果员工提到了一些不可控的问题，教练可能现场很难有效应对，损害教练的权威性，以后的训练和改善就很难进行了。

视频拆解完成以后，教练还要设计出一套科学的对话工具，以保证员工能够心态平和地接受自身的问题。

情景模拟对于员工来讲其实压力很大。每一次的模拟都会发现员工自身模拟的水平有待提高，再经过反思之后又会发现自己还存在大量的问题。当一个人的问题都摆在桌面上的时候，他就会觉得很痛苦，会觉得无地自容，接着开始逃避，员工此时此刻并不是想着有问题需要去改正，而是为了挽回面子在不断地找理由推脱责任，进行自我保护。这就需要我们通过一个有效的教练的对话方式，将员工出现的问题以提问的方式，使员工自己引导自己去找到答案，并且自己提出建设性的改善策略和方法，这也是教练的核心技术所在。

实际上，情景模拟的成败就在于这个视频拆解的教练过程，这是情景模拟的核心要点。

第六步，模拟分析，改善计划。教练不仅要自己知道答案，还要与员工进行沟通，知道如何引导员工按照计划找到答案，这就是视频拆解后对模拟分析的过程。其实视频拆解和分析就是一个执行的过程，那么执行得是否科学、是否到位，取决于我们前面准备得是否充分。

员工找到答案，分析出问题的原因，然后提出相应的解决方法或者应对策略，那么我们就要帮员工一起做出改善计划。这个改善计划就是要制定出需要教练在什么时间给予他支持，教练支持他解决哪些问题，然后在什么时间对员工进行进一步的考核和模拟，以确认员工已经做到了这个问题的改善。所以，我们的改善并不是员工口头应允他要改进，也不是在最后的时候才确定说你该怎么做，而是在员工整个提报改善策略的时候就要制定出每一步的改善计划，以便于教练在今后进行过程跟踪。

第七步，跟进改善，执行落地。接下来就是教练根据改善计划的每一个时间节点进行追踪，保证员工能够按时完成计划。我们跟进改善计划的目的就是要控制时间节点，给员工时间自己准备并改善，这个过程由他自己负责，我们不去督促，只需要我们抓住时间节点，到了时间节点就去验收员工在此期间要完成的计划，讲解并帮员工分析和继续提高业务能力。这样员工才会有本质的改变，而情景模拟的目的也就达到了员工能力提升、业绩增长的目的。

（四）销售复盘的操作要点

本章的第一节已经讲过销售复盘主要应用在员工真正面对客户的阶段，从方法上讲就是把情景模拟视频录制之前的过程变成一个接待实际客户的销售过程进行视频录制。通常我们建议企业在营业场所设置全程的高清监控，当然有一些比较特殊行业的企业，比如医疗机构等，这样的企业本来就必须配备高清的监控。在这种情况下，我们利用这些高清监控所拍摄的实际销售过程的视频来做拆解并分析，这将是一个非常有效的过程，能更真实地展现员工的表现，进而通过实际销售过程的视频拆解分析让员工做出一定的改变。

综上所述，通过不断地在各行各业的企业中实践印证，按照销冠孵化器的这个模式去操作，情景模拟和销售复盘绝对是现行最实效的操作方法，能够有效提升员工的实操能力。

第五章

新员工的销冠入模

培养销冠的最佳时机是入职培训阶段。因为员工在刚刚入职时会主动学习、改变意识。一旦适应企业工作，成为老员工，学习和改变意识的意愿就会下降了。

企业要想建设自己的销冠培养体系，就必须把入职培训建设成销冠入模系统。这个入模系统对于新员工来说并不轻松，为了保证效果，一般会做成基于淘汰制的入职实训营。

第一节　入职培训是打造销冠的核心环节

当企业通过内训师建设出了销冠的培养体系，接下来就需要对其进行落地，真正让普通员工具备销冠能力。

前面提到销冠培养过程可以分为两个阶段：猛火攻、慢火炖。猛火攻是指新员工入职期间对其进行针对性的训练，让员工上岗就是成手，是准销冠；慢火炖是指店长或其他销售管理岗对在职销售人员进行持续的技能改善，让员工的销售技能越来越精熟，最终达到销冠的销售能力。

其中，入职培训体系是基础、是核心！

大家可以对比一下，新员工和老员工谁更容易培养？毫无疑问是新员工。新员工进入企业一段时间内都会比较积极，对企业充满信心，对未来充满期望，所以执行力很强，不断地主动学习成长。这是一个不需要强化就能改善自我的阶段，也是企业帮助员工提升能力的最好时机。企业通过系统化的模式，抓住这个时机，就可以批量培养优秀的员工，让普通员工具备准销冠的能力。

对比现实状况大家会发现，民营企业的新人培养现状是灾难性的。大多数民营企业的新员工进入企业后都处于散养状态，好一点的民营企业组织一下入职培训，让人力资源部给新人讲讲企业文化和制度，让销售管理人员讲讲产品知识，差一点的企业直接让老员工带新人。

这样做不仅造成了“野生”销冠的问题，还造成了新员工进不来、留不住，老员工不成长、没压力。从而形成企业人才断层，严重损害了企业的业绩，限制了企业的发展。

很多老板都在苦恼招聘新人上岗效果不理想，优秀的人本来就少，又很容易流失，留下优秀的人怎么这么难，难道真是水土不服？其实不是，新人进入企业，他们通常不会主动寻找官方信息，而是习惯性地从老员工那里获取，从而使他获得的信息有偏差，这是因为多年的工作阅历导致员工认为他和老板不是一个阶层，他们之间是对立的，**宁肯相信老员工说的一句假话，也不相信老板说的十句真话**。在新员工对企业不了解的前提下让老员工去带他、影响他，老员工可能会把一些负面信息传递给新员工，从而导致新员工的流失，这就是**人才逆淘汰**。这对企业来说十分可怕，意味着越是优秀的人才越不会留下来。企业没有优秀的人才怎么会有好业绩？造成这种结果的原因也很简单：部分老员工排斥，担心自己的位置被取代，就别有用心地向新员工传递企业的负面信息。所以，不停地招新人，但是留不住。我们在服务一家美容院时就遇到了这样的典型案例：

美容院招的新人中有一个智商、情商都很高，基本素质也很好，非常有发展潜质的新人，仅用 3 天就通过试岗考核，可是只上了半天班就走人了，打电话拒接、发信息不回，本来是要作为重点培养对象的人却走了。老板苦恼地和我说：“每次招新人上岗的有 10 个，但不久就要有将近一半的人因为各种原因离开，留下来的人综合能力和业绩也不理想，新员工上岗的效果不好，优秀的人留不住。”

后来偶然的机会知道了那个非常有潜质的新人离职的原因。一次，我们的咨询师在对另一家美容院暗访时遇到了她，聊天得知，她上岗的第一天和一位老员工聊天，她问老员工公司能不能正常开工资，老员工的回答是："能不能正常开工资不知道，反正我这个月的工资还没发。"这家美容院比其他美容院发工资的日期晚一些，很多美容院每月10日或15日开工资，而这家美容院是每月20日发工资，当时是16日，而新人并不知其中缘由以为公司拖欠工资是骗子公司，所以就离开了。公司给她打电话、发信息，越是着急找她，她越发觉得是想骗她，就更不敢接电话了。结果就是吓跑了这个有潜质的新人。

后来了解到，那名老员工由于个人学习能力和素质的原因屡次考核不合格，就有了情绪；她又发现公司对这名新人很重视，出于嫉妒和担心自己的位置受到威胁，心有怨气，没有给新员工传递正面信息，而是故意含糊其辞地传递了一些负面信息。

让老员工带新人很难规避上述问题，优秀的新员工就很难留下来，留下来的部分员工也不会很优秀。

虽然一些看起来对老员工没有威胁的新员工留下了，但他们上岗后依然会继续流失。离职原因通常都是上岗后迟迟没有业绩，需要忍受着低底薪无提成，一个月、两个月可以忍，但是经济压力使他无法长期忍受，所以还是会离开。

这样依然给企业造成巨大的人力成本损失和业绩损失。因为企业不仅要发放一段时间完全没有价值的薪水，在新员工实习期间接待的客户很难创造出应有的业绩，而这些客户都是企业花大价钱买来的，让新员工接待这些客户实际上就是浪费企业的引流成本。

成熟企业总结了这样一句话：**"未经专业训练的销售人员，是企业最大的隐形成本!"**

即使小部分员工进入企业并生存下来，对企业的价值也非常有限。我们会发现很多新员工会带来原本就有的一些"恶习"，到了新企业又没有人帮助他们改正，又在老员工那里学到新的恶习，对自己的要求越来越低。留下来的新人所剩无几，而他们也都是用自己的方式存活下来，凭借自己以往的经验、习惯各自为政。为此老板们时常感叹，感觉这不像是一个团队，而是一个拼凑起来的团伙、游兵散将，新员工“一茬不如一茬”、越来越差。

这是大多数企业的用人现状：

首先，信息传递不准确。个别老员工别有用心，导致人才逆淘汰，优秀新人留不住。

其次，新员工基本素质和实操技能欠缺。上岗后不能迅速出业绩，导致低底薪无提成，连续数月低收入，员工无法忍受而离开。

最后，企业不能在新员工入职后使他迅速建立适合新公司的工作习惯，没有培养新员工销冠思维习惯，从而导致员工依然延续旧习，单打独斗，执行力越来越差，导致企业既浪费了大量的客户资源，员工的业绩也越来越差，最后在现有的竞争环境下很难适应市场。

若企业传递给新员工的信息是明确可信的，新员工不被一些老员工所利用，那么他们就不会因为某种可笑的原因而离开，就可以稳定现有的优秀人才不再流失，作为企业的后备中坚力量为企业创造更大的价值。

那些上岗后不能很快上手并出业绩的新员工，若能够熟练掌握实操技能，提高综合素质，有了业绩自然就会有相应的收入，也就不必忍受低工资、承受经济压力，而企业在获得更好的营业收入的同时，既不流失员工，降低了招聘培训成本，又不浪费客户资源，提高营业收入。

培养新员工销冠思维习惯的养成，在业绩稳定增长的同时，企业也可以做到人才梯队的充分储备，老板们也无需抱怨员工们“一茬不如一茬”了，而是欣喜地看到员工们青出于蓝而胜于蓝。

在新员工进入企业后，先要让他入模，就是把他原有的坏习惯挡在企业外面别带进来，然后按照企业的标准建立好的习惯，这也是最理想的人才梯队建设的基础方法，所以规范的企业都非常重视新员工入职培训。宝洁、华为等优秀企业通常只招聘应届大学生，然后在入职培训上投入精力，通过培训、考核、淘汰使新员工建立的习惯全部都是宝洁的习惯或者是华为的习惯。半年之后，新员工与企业文化很好地融合，也成为所谓的宝洁人、华为人，这是形成习惯的过程也是接收企业文化的过程，保证了新员工的适应性和稳定性，因此这些企业的人才体制越来越好。

为了实现这样的理想结果，我们研发了基于淘汰制的入职培训体系，实现企业高质量人才的选育用留，进而增强企业的核心竞争力。

第二节　基于淘汰制的入职实训营

淘汰制的入职实训营，可以帮助新员工建立销冠思维习惯，使他们进入企业就能够入乡随俗，迅速为企业创造业绩。

（一）入职实训营的核心原理

入职培训营的核心原理可以通过以下几个关键词来解析：

1. 淘汰制

很多企业都会面临这样的问题："我也有入职培训，天天给员工讲课。"但是通常只是讲讲企业文化，再讲一些产品的基础知识就结束了。这就不能真正把员工原有的恶习挡在外面，也没有让他建立新的标准化的习惯，这个培训就没有起到应有的作用。这就要先解决如何才能让新员工把坏习惯丢在外面，建立符合企业规范的好习惯。我们用了最简单的方法：淘汰制，也就是杀鸡儆猴。不认真是不能有效果的，要让员工知道我们的制度。

对于一个新人来讲，进入新公司之后的一切都是陌生的！为了能够融入，他会主动做一些改变，在潜意识里是高度接受的，毕竟面对未知，人都会有恐惧，为了适应必须做出相应的改变。因此，我们把入职培训做成淘汰制的模式，就是借着新员工愿意改变习惯的好时机，他有主动的配合意识，我们再对他引导推动，促使他改变来建立新的习惯，这是能够让新员工入模的非常有效的方法。

我们用淘汰制形成了一个基本的循环过程，就是"**教——练——考——淘汰**"，我先教给你，给你时间练，然后进行考核，考核不合格就淘汰。让大家必须要不断地学习和改变，改变的慢会被淘汰，不改变更会被淘汰，让新员工知道来到这个企业就必须遵守企业规则，建立起应有的习惯，否则就被淘汰。这是入职培训的核心价值，以一种严格的淘汰制的方式来进行。

2. 营

前面已经讲过新员工获得信息的渠道并非官方的，而老员工为了达到某些目的会歪曲信息造成人才逆淘汰，那么我们就组织一个科学的营，在新员工进入企业时，不要让他接触局部的不准确的信息。公司先以官方渠道传递出系统完整的信息，使新员工对企业有正确的了解后，他就可以通过学习建立好习惯和提升技能，再经过考核有所成长，并能够迅速进入状态做业务，他就会充满自信，对于企业各种信息的处理进行理性的分析，不会盲目听信。

3. 实训

实训所教的都是实实在在的实际操作方法，通过训练、考核、模拟，使新员工很快就能上手，上手迅速出业绩，所以新员工从实训营出来就可以独当一面，到了岗位上和老员工一样去接待客户，也能很快出单子有提成，解决了他只有底薪没有提成的低工资的尴尬，也就不会在上岗后离职。因为他已经适应企业现有的制度，可以全身心为企业创造价值。

基于淘汰制的入职培训体系是按照“教——练——考——淘汰”逐步建立标准化销冠思维习惯的过程，也是边吸引边淘汰的过程。

我们并不是完全以考核淘汰为主导，同时也在强化和树立企业形象，如果你的员工离职后进入另一家公司，他会怎么评价你的公司呢？一种是这个公司很容易进，拿着身份证就能去，说明员工对企业没有基本的敬重和认同，认为公司没有要求，进去工作很容易。如果他经历过淘汰制的入职实训营，就会自豪地说：“这家公司很好，从入职培训就能看出很规范，我们20个人参加入职培训，经过一轮一轮的考核淘汰，最后只有7个人通过考核，我就是其中之一。”

这样我们就通过：淘汰制、营、实训三部分实现员工对企业的认同，帮助企业打造优秀的人才梯队。

（二）入职实训营的四个阶段

我们建议在入职培训期间可以适当地占用员工个人的时间，让他习惯于利用业余时间学习。因此，入职培训的日程安排遵循见缝插针的原则，把日程排满，让参训学员一直处于忙碌紧张的状态。如果让学员松懈，他们就有时间闲聊，衍生出消极的思想就麻烦了，所以要尽可能将日程排满并让他利用自己的业余时间进行复习。同时，在强化学习习惯的过程中，促使他们养成学习型的工作习惯，未来必然会成为优秀的人才。人们常说："工作时间求生存，业余时间求发展。"要打造这种学习的习惯，仅仅靠说是不够的，还要通过营造环境和使用手段来促成。

基于上述原理，我们设计了一套为期一个月左右的淘汰制入职实训营模式，该实训营模式将考核淘汰分为四个阶段，每阶段一次完整的"教——练——考——淘汰"循环。具体设置如下图 5－1 所示。

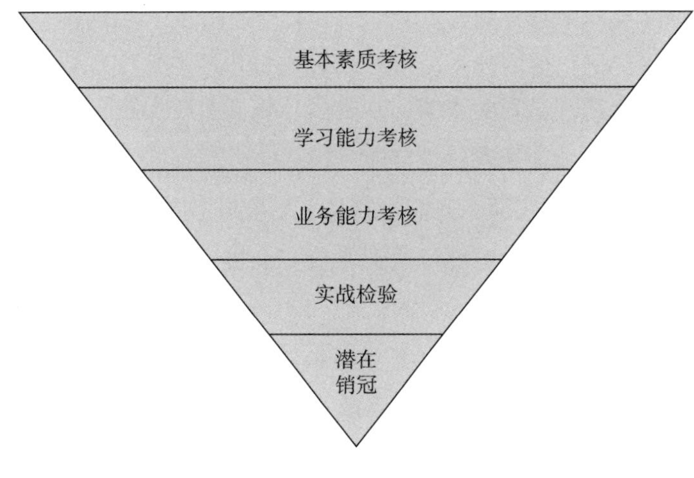

图 5－1　实训营的阶段

第一阶段，基本素质考核在第 1 天至第 3 天。

基于学员基本素质进行考核是否适合入职岗位，而不要做有深度内容的专业学习。以销售人员为例，要看他的基本素质适不适合做销售，如果考核不合格就直接淘汰，不要让他再参与后面的培训。在这个淘汰的过程中被淘汰掉的人用他们的失败告诉其他人企业是有要求、有标准的，不合格的人是要被淘汰的，员工才能对企业和自己的工作有敬畏之心，建立好的习惯。

第二阶段，学习能力考核就是以指示性的内容为主，安排在第 4 天至第 7 天。

重点考察新员工的学习能力，看他能不能学一些基础知识和做基本的分析，通过这个阶段强化他的学习习惯。可能他在原来的公司并不学习，但是在这里要让他知道是要考核的，他必须学习，公司教给他知识，他要大量的背诵、大量的分析、投入大量的时间和精力，他应该主动学、有意愿参与学习。

第三阶段，业务能力考核在第 8 天至第 15 天。

重点考核新员工能不能做好这份工作，就是技能性的学习。以销售人员为例，我们教授他成为销冠的技巧，比如顾问式销售模式，看他能不能掌握销冠的这一整套技巧。

第四阶段，实战检验在第 16 天至第 30 天。

经过前面三个阶段的理论学习后，要进行实际操作的考核，进行模拟练习，进入一个从理论到实践的上升阶段，将新员工分配到各个店面进行实习，并且进行总结，最后就是整体考核。

经过 30 天的入职实训，我们将新员工培养成潜在的销冠，新员工经历了从抛弃旧习、建立销冠思维习惯到考核实训进入实战的过程，实现了企业的业绩增长、竞争力提升的目的。

可以看到入职实训营打造出了一批非常优秀的精英，所有能留下的员工都是经过历练的、有发展潜质的、能为企业创造业绩的优秀员工。

早在 2008 年，我就给一家窗帘布艺的公司做了这套模式，当时哈尔滨的窗帘软装市场上还没有软装设计师，设计师也不做销售，但这家公司的老板意识到了未来设计师做销售的趋势。于是我们一拍即合在行业里开创了一个新的模式，培养一批能做销售的设计师，开设了一期淘汰制实训营，共有 27 人入营，经过一个月全封闭培训，有 13 人考核合格。直到现在，这批做销售的设计师在企业工作 10 年以上的还有 3 人，其中有一个人已经是哈尔滨布艺圈里举足轻重的专业人士。经过淘汰制的实训营考核合格出来的设计师们都已经成了公司的核心骨干，设计部几乎全靠这一批人在支撑。

我们也同样对入职培训下足了功夫。虽然公司的墙上没有太多的口号或者宣传语，但是我们却是一个重文化的企业，与我们接触过的公司都说我们的咨询师负责任、干活踏实、能吃苦。可以说，真正建立起醒客堂习惯、接受我们思想的员工是赶都赶不走的。我们的员工薪水两年翻一番一点都不少见，即便是出去到其他公司，他的工作品质、负责任的态度都是其他公司员工无法比拟的，依然可以得到高薪。就是因为用了这样的一套入职培训系统，在最开始入职的时候就建立习惯，把企业文化融入进去，让新员工认为是正常的，是应该做到的，甚至看到其他人不是这样还会觉得很难受。所以，这套系统保证了企业人才梯队的建设，保障了企业文化的纯洁和延续。

第三节　案例：一家汽车 4S 店的入职实训营

以下淘汰制入职实训营的四个实施阶段是我们建议的理想时间安排，企业在实际操作中对具体时间和课程要根据行业、企业规模和经费及实用性原则来合理安排，时间可根据内容适当缩短或者延长，课程也可灵活设置，只要符合这四个阶段的核心逻辑即可。我在 2011 年 2 月给一家汽车 4S 店全程辅导做了一期非常成功的淘汰制的入职实训营，下面我将分阶段讲解，并把课程表展示出来给大家做参考。

（一）第 1 天至第 3 天：基本素质考核

第一阶段大部分时间是解决人员的基本素质的问题，并没有做很多知识培训，而是通过很好玩的过程，激发学员的参与感，吸引学员的同时识别了学员的基本素质，将不合适的人基本淘汰掉，也就是先吸引后淘汰。

这一阶段除了设计开营仪式、企业文化等必需的流程外，还设计了无领导小组讨论、狼人杀、演讲比赛等能引起学员兴趣的活动。学员要动脑思考，搜集信息和材料，这也能体现他的综合底蕴，让企业清楚地了解学员的能力和潜力。

三天培训的具体时间安排如表 5－1 所示。

表 5－1　三天培训的具体时间安排

<table>
<tr><th>课节</th><th>时间</th><th>第 1 天</th><th>第 2 天</th><th>第 3 天</th></tr>
<tr><td>1</td><td>8：30－10：00</td><td>开营仪式</td><td>考核</td><td rowspan="2">演讲准备</td></tr>
<tr><td rowspan="2">2</td><td>10：15－11：15</td><td>入职课表讲解</td><td>行业基础知识</td></tr>
<tr><td>11：15－13：00</td><td colspan="3">午休</td></tr>
<tr><td>3</td><td>13：00－14：00</td><td>企业文化与薪酬</td><td>复习考核</td><td rowspan="3">演讲比赛</td></tr>
<tr><td>4</td><td>14：15－15：15</td><td>复习与考核</td><td rowspan="2">无领导小组讨论</td></tr>
<tr><td rowspan="2">5</td><td>15：30－16：30</td><td>基本管理制度</td></tr>
<tr><td>16：30－18：00</td><td colspan="3">晚休</td></tr>
<tr><td>6</td><td>18：15－19：30</td><td>复习</td><td>演讲要求与准备</td><td>考核淘汰</td></tr>
</table>

1. 开营仪式

先进行开营仪式，目的是树立企业形象，吸引新员工，让新员工觉得参加这次培训营是非常值得的。开营仪式分为四个核心部分：

第一部分讲企业的来源和发展历程。树立高大上的企业形象；要有主持人开场、领导讲话等，要让员工有非常震撼的感觉，让他对企业有足够的认知，使他认为能够进入公司工作难能可贵，一定要珍惜这个机会。

第二部分讲企业文化和基本原则。给出企业的人才标准，告诉新员工在这次训练营里最终要达到什么样的成果，应该具备什么样的特质或者习惯，需要符合什么样的要求，未来在企业成为什么样的人，让新员工有思路和方向知道他应该学习哪些内容。

第三部分是薪酬和职业发展规划。向员工说明在这里经过付出可以得到的薪酬和未来的职业发展及相应的薪酬，需要特别注意职业发展要与企业发展愿景相匹配，让员工知道这是真实的、是可以实现的，并让他为之努力。关于职业发展和事业平台我们在本书第八章第三节会有详细阐述。

第四部分就是老员工见证。相当于销售的FABE原则，老员工讲述与企业共同成长的过程，在企业的收获，让新员工看到在这里工作多么美好，这是开营仪式的核心点。

以上是开营仪式必须具备的四个核心内容，其他流程可根据实际情况安排。

2. 开营之后的培训时间安排

开营仪式结束后给大家解析这次入职实训营的过程，讲清楚参加此次培训共分几个阶段，每个阶段分别要学什么、能学会哪些技能、怎么学，为了保证能够学会。再把课程表给大家讲解一下，让大家清楚整体的安排，使大家有目标地努力学习。如果已经有了预知性，学员依然还不去努力学习，就可以直接淘汰了。

下午就让参训学员背诵企业文化和薪酬制度，薪酬制度的内容包括：公司的发薪日、计薪周期、薪酬结构、福利待遇等基本内容。给学员一段时间去自主学习、复习，背诵完成后，对他们进行考核。考核结束后进行当天最后一门课程，讲解企业制度、管理制度、行为规范，如员工手册、考勤制度、奖惩制度等，如果企业制度内容不丰富，可以再讲一下心态。在这个过程中，讲制度是树立行为的标准，讲心态是树立心态的标准，这些内容也要求学员背诵，第二天上午考核。

对于学员来说，第一天结束后一定复习，否则第二天上午的考核就来不及准备，这也是在训练他建立学习的习惯。

第二天上午进行考核和授课，下午则安排做培训游戏，比如无领导小组讨论，还有狼人杀等游戏，这是对学员基本素质的认知过程，主要目的是观察并训练学员的智商、情商及在压力下的表现。

以无领导小组讨论为例，讨论的题目通常都是没有对错的，“仁者见仁，智者见智”，各抒己见：

观察者是在讨论的过程中观察每一个参训学员的表现，看谁能够引导并且控制整个团队的思维。

若在观点上有冲突，就可以观察在面对冲突争辩时，学员都是用什么方式与对方沟通或者去引导对方，是暴力式的沟通还是分析式的沟通。

还有情绪控制，是开始失控还是一直平稳，这些就是观察员工素质的核心点。

如果学员在压力下情绪失控，或者表达不清晰、思维混乱，就不是我们需要的人才。通过这种无领导小组讨论，学员不能隐藏自身的基本情况，我们就可以观察到他们的基本特质，从而进行筛选。

在这里，我们建议举办一个演讲比赛或者辩论赛，如果人数比较多就举办演讲比赛，人数少就举办辩论赛，在第二天晚上把主题告诉大家，这样大家可以在当天晚上和第三天上午准备，下午进行演讲或辩论，这就可以看出学员的基本素质和特征。

以上每一步流程都在观察新人，培养新人，筛选新人。上述流程结束后根据表现淘汰不合格的学员。

（二）第4天至第7天：学习能力考核

第二阶段开始进行产品知识培训，同时考核员工的学习能力。时间安排如表5－2所示。

表5－2　产品知识培训和考核课程表

<table>
<tr><th>课节</th><th>时间</th><th>第4天</th><th>第5天</th><th>第6天</th><th>第7天</th></tr>
<tr><td>1</td><td>8：30－10：00</td><td>产品知识</td><td>销售流程</td><td>考核</td><td>实习总结</td></tr>
<tr><td rowspan="2">2</td><td>10：15－11：15</td><td>竞品知识</td><td>工具应用</td><td>店面实习讲解</td><td>修保知识</td></tr>
<tr><td>11：15－13：00</td><td colspan="4">午休</td></tr>
<tr><td>3</td><td>13：00－14：00</td><td rowspan="3">复习与考核</td><td rowspan="2">复习考核</td><td rowspan="4">店面实习</td><td rowspan="3">售后实习</td></tr>
<tr><td>4</td><td>14：15－15：15</td></tr>
<tr><td>5</td><td>15：30－16：30</td><td rowspan="2">自我管理</td></tr>
<tr><td>6</td><td>16：45－18：00</td><td>逻辑游戏</td><td>考核淘汰</td></tr>
</table>

本阶段企业可根据自己行业的特点，规划出员工必须掌握的基础知识，制定自己的产品知识培训和考核课程表，准备出相应的课程进行培训。

需要特别注意的是，培训教材要按照前面讲过的培训课程制作的方法来做，不能直接讲产品知识，比如钢材都有什么规格、多少号的、多宽多厚，太死板没有意思。

要把知识点做活，让学员感兴趣并愿意听也易于背诵。这要基于痛点教学的模式，先挖客户痛点，客户分为几类，每一类的痛点是什么，然后挖掘客户需求，每一类的客户需要的是什么样的产品、我们能够给他的解决方案是什么、我们的产品是什么、有哪些特点和优势，此时一定要塑造自身的品牌价值，把自己的核心优势讲出来并不断强化。还是以钢材为例，按照用途分类，做板房，什么样的钢材做板房最好、原因是什么、其他型号的钢材不适合的原因是什么等。

因此，产品知识的授课原则就是**先分析客户特质和需求、客户需要什么样的产品，然后再讲产品知识**。我们的产品是如何满足客户需求的、产品特质是什么、品牌核心价值有哪些，在挖客户痛点时要注意强化企业自身的核心优势，前后的对应关系很重要，这样就可以在下一步讲顾问式销售时直接做模拟训练。

经过上述培训与考核后，筛选出不能通过考核的学员进行淘汰。

（三）第8天至第15天：业务能力考核

本阶段重点进行销售能力也就是顾问式销售的培训。这一阶段不仅要讲课，还要进行针对性的训练。具体课表如表5-3所示。

本阶段把顾问式销售模式拆解成课程表分别是：顾问式的整体逻辑、建立信赖感、需求挖掘——合适的产品、需求挖掘——合适的方式、做好产品推荐、异议处理和缔结成交。

每一节培训结束后一定要进行模拟，最开始是总体模拟，然后是针对每节的每个点进行模拟，让学员讲逻辑，这是基本的训练方式，因为学员切身体验过后才能有所感受。因此，建议上午培训，培训结束后可以直接

表 5－3　业务能力考核

课节	时间	第 8 天	第 9 天	第 10 天	第 11 天	第 12 天	第 13 天	第 14 天	第 15 天
1	8：30－10：00	选车标准分析	客户类型分析	产品、服务异议处理	报价协商	二手车推荐	贷款推荐	促销执行及政策利用	全流程模拟
2	10：15－11：15		汽车文化		成交时机 成交话术	精品推荐	保险推荐		
	11：15－13：00	午休							
3	13：00－14：00	情景模拟	店面实习	礼仪训练	案例分析	店面实习	情景模拟	总结复习	考核淘汰
4	14：15－15：15			考核				考核	
5	15：30－16：30	总结复习	演讲准备	逻辑游戏	演讲比赛	总结复习	演讲准备		

在店里或者展厅进行模拟，将学员分组，选取有代表性的场景进行模拟并录制视频，再带大家做一些简单的分析，然后给大家一段时间思考后做逻辑讲解，这样大家就留下深刻的印象。

考核也是两个方向，先考核讲逻辑，再考核模拟。在这七天的时间里就把顾问式销售模式从整体逻辑到建立信赖感、合适的产品、合适的方式、做好产品推荐 FABE 等全部培训好，并且做了每一节的模拟，就会取得最理想的效果。

在第 15 天的时候再做一个整体模拟，也就是进行一个完整模拟的考核，作为此阶段的考核检验，不合格者依然淘汰。如果企业的产品知识量非常大，产品类型也很多，比如药店，药品的种类非常多，产品推荐的 FABE 也很多，我们建议先选一个类别进行培训，在学员掌握了整体逻辑后，其他类别就可以在第四阶段上岗实习的时候完成背诵。因为核心逻辑已经熟练掌握了，其他类别只不过是内容不同，学员再去背诵和操作就会很快掌握。

这一阶段的新人已经相对成熟，因此，只选择理论联系实际能力差的员工进行淘汰。

（四）第 16 天至第 30 天：实战检验

此阶段就是学员去店面实习，一般的分配原则是学员将来要去哪个店面上岗，就分配到哪个店面实习，在实习的过程中由该店面的内训师全程指导。如表 5 -4 所示。

在入职培训过程中，内训师体现两个价值：一是讲课和考核的价值，也就是前 15 天的培训；二是后 15 天实习的传帮带的过程。我们要求内训师在学员实习过程中，全程安排每一天相应的工作内容，一方面前期先安排学员了解店里的基本情况，如店内的产品、给学员制定计划、熟练掌握产品名称、产品价格等细节信息，还要熟悉店里的人员等基本状况；另一方面在熟悉店面的同时，学员要每天跟着内训师接待客户，每接待一次客户就要做一次总结复盘。经过每一次复盘学员都会强化对顾问式销售模式的操作，从而使他具备成为销冠的基础。这样学员对整个店面熟悉的同时

表 5-4　总的考核

课节	时间	第 16 天	第 17 天	第 18 至第 22 天	第 23 天	第 23 至第 29 天	第 30 天
1	8：30-10：00	售后实习	工具应用	店面实习	客户关怀	店面实习	淘汰赛
2	10：15-11：15		交车流程		KPI 数据		
午休							
3	13：00-14：00	礼仪训练	案例分析	复盘总结	复习考核	复盘总结	战斗力分析
4	14：15-15：15	演讲比赛					
5	15：30-16：30		晚会准备	逻辑游戏或晚会准备	晚会准备	逻辑游戏或晚会准备	毕业晚会

也把前面所学的知识面对真实客户有所应用，通过不断地总结复盘，他就接近成为一个成手，然后就可以对他进行上岗前的考核。

最后，总的考核还是以模拟的形式进行，但是要增加难度，比如模拟服务一个比较难缠的客户对他进行考核，再让他做总结，这种就是基础考核。

不过为了能够更好地甄别人才，我们还可以做三种不同级别的考核：

第一种，基础考核。

第二种，让学员把顾问式销售模式的课程完整地讲下来，也就是让他知其然知其所以然。

第三种，让他拆解视频进行分析。

通过这三个层级的考核，通过基础考核的就是一个正式的销售顾问，以后可以培养成为销冠；能够讲好顾问式销售模式的具备做内训师的能力，可以重点关注，以后经过管理实训可以做店长的候选人；能拆视频的就成为重点培养对象，可能短期内迅速成长就可以直接做储备店长了，是非常优秀的人才。

通过淘汰制的实训营你就不必担心新来的优秀人才逆淘汰，也不用操心新员工上岗不能快速出业绩导致心态不稳，更重要的是每招聘一批新员工都可以做到和老员工一样好，甚至不乏优秀人才。企业自身实力自然就增强了，在市场竞争中就有了绝对优势。

第六章

推力系统：在成为销冠的路上持续精进

当一线销售团队具备了销冠的能力，可以实现引流、成交、复购、分享的业绩改善闭环，接下来就要保证销售团队持续运用并改善这一循环，这就需要周期性的管控。这就是内生业绩裂变系统中的推力系统。如图6－1所示。

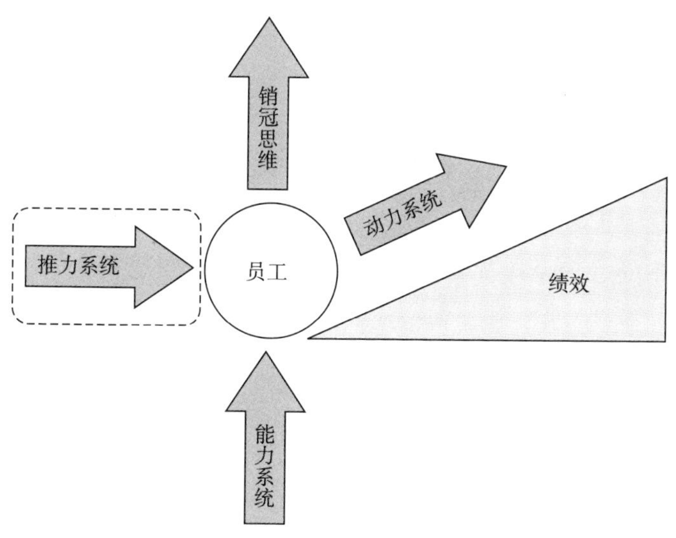

图6－1　推力系统

推力系统最实效的工具就是数字化业绩改善会。通过每天、每周、每月、每年的周期性数字化会议，推动全员持续改善标准，贯彻落实标准。

第一节　工具：数字化业绩改善会

前面提到，让销售人员出业绩就相当于斜坡上的球，如果没有外力支持就只能下滑。事实上，即使普通销售人员具备了销冠能力，能实现引流、成交、复购、分享的业绩改善闭环，但现实中还是没办法持续创造销冠业绩。这就需要企业提供推力，持续推动销售人员创造销冠业绩。实现推力的工具就是数字化业绩改善会。

（一）门店型企业会议的常见问题

在企业管理中，会议是最基本的管理仪式，是企业管理水平的最直接的表现形式。

从管理者的角度说，开会是树立管理权威最有效的方法。如果管理者经常给员工开会，就会让员工不断强化“我在听、我需要去执行”这样的过程，潜移默化中形成了管理者做决策，员工接受并去执行，也就是上决策、下执行的领导过程。

如果能够持续规范开会，企业就会进入正常的规范管理状态。全体员工是一个整齐划一的团队，而不是由一个个散兵游勇组成的团伙。但是现在有很多企业长时间不开会，导致企业里一盘散沙，因此企业不开会就会导致连基本的管理系统都无法形成，进而使企业处于完全失控的危险状态。有的企业虽然在开会，但会议开得五花八门、不成系统，所以非但没有起到会议应有的持续改善机制落地作用，反而华而不实、人浮于事，耽误了大量的时间，造成了巨大的浪费。总结起来，门店型企业会议常犯的错误有以下几种：

1. 老板一言堂

6 年前，我为一家东风本田的 4S 店做咨询。入场第一天晚上，总经理将销售团队留下开会，并请我们列席。这位总经理从 17：30 开始讲，从销售经理一直批评到销售顾问，说他们不努力销售，说自己面对厂家的压力巨大，说现在外面没有公司给这样的待遇……威逼利诱，什么话都说了。19：30以后，大家基本都走神了：私下玩手机，大家互相使眼色，还有人满脸不屑地歪着头看别处，只有总经理自己在台上说着。终于熬到了20：30会议结束，大家一哄而散！

老板一直在说，就会出现这个状况：开会的时候谁组织会议、谁在说，谁就是责任人。老板一开会就一直说，责任人就是老板自己，这个会议就没有价值了，而且老板一直说的同时还在发泄情绪，此时就完全没有管理者说话的机会，到底管理者在这中间是什么作用？没作用，就是一个指令的执行者吗？管理者内心是抵触和抗拒的，因为他没有参与感，无论决策是不是科学的，他从情绪上就难以接受。不接受，他就很难思考这件事，不思考就执行不好，执行不好也不是他的错，因为这是老板的决策。

我们经常会看到企业家在会上一言堂做决策，没有达成预期结果，管理者都会很无辜地跟企业家说："领导，当时是你这么定的。"

这样也导致了店长不得不干员工的活，因为销售经理干了店长的活，老板干了销售经理的活。员工干什么呢？人一闲就传递负面信息，比如公司新出了一个政策，有的想"唉呀，提成要改成这样了，这不就是画大饼吗"，还有的想"这就是变相扣我的钱"，其实他没有真正理解公司的政策，更重要的是他不想通过努力改善自己进而创造更好的业绩以获得更多的收入，而是希望公司给他一个更宽松的政策。

有一个员工这么想的时候，他不敢确认这就是正确的结论，怎么办呢？两人私下里议论："这次公司给咱们制定这个政策，好像就是给咱们画个大饼，让咱们玩命干，实际上就是想扣钱。"旁边那个员工就附和："其实我也是这么想的，你知道吗……"于是，员工就在闲聊的过程中把负面信息传递了出去。

这样下去，员工该不干还是不干，老板也管不了，也没条件去管，管理者还不停地退化，只会简单执行，到那时老板又觉得管理者能力不行，这就形成恶性循环。所以，我们要特别强调开会的时候一定是员工在说。

2. 激励会

很多企业初期学习时，学到了某些培训公司的激励会。那种大家都疯狂地又拍手又跺脚还一边喊口号“我是最棒的，我是最棒的”，其实这样的会用来激励一次、两次还行，一味地空喊“我是最棒的”，喊到最后谁都不相信。

有一家生产和销售家具的公司每次开会到最后的时候，公司上百人要站在那里齐声大喊“好，很好，大家好，公司好，哈哈哈哈”。一次我在进行暗访的时候就站在最后面跟着开会，员工们也都不知道我是谁，其中有个员工在喊的时候就是用那种阴阳怪气的口气：“好，很好，大家好，公司好，哼——哼——哼——哼——”

我在很多公司开这种激励会的时候都遇到过上述这种情况，这时很多企业家就会说是这个员工的心态有问题，实际上并不见得。事实上，这种鸡血式激励导致大家根本就不相信会上所传达的信息，也不相信所谓的“我是最棒的”。业绩压力并不能通过喊口号就能从本质上改变。

从企业的角度来说，虽然你在持续地开会，但是每次都是这种激励会，就会把员工激励烦了，甚至极其反感，谁都不愿意参加，都觉得太假、太形式化了。那么开会的核心就是不但要持续开会，而且要有针对性。

3. 责任推卸会

企业内推卸责任是一种传染病，在会上表现得特别明显。如果管理者出了问题，在会上被发现了，管理者的第一反应是什么？承认错误并承担责任吗？大多数情况都是推卸责任。

2013 年我辅导的一个企业，入场前去参加会议。首先销售提出客户打电话投诉，到期的货还没有出来；然后老板问生产部货为什么延期？生产说因为原材料还没到齐，缺了几样原材料；采购说下单了，但是没汇款；老板问财务怎么不及时汇款？财务说要发工资了，应收款又没回，没有钱；销售急了，货都没出来，客户怎么可能给钱？这责任推得相当完美，好像谁都没有错，最后老板一拍桌子说："你们都没错，都是我的错。"

如果企业的核心团队中有一个人推卸责任，企业家没有及时制止，核心团队的其他成员很快就会学会这招，接下来就是核心员工，最后是全体人员。很快，责任推卸就成为企业的基本文化。此时，员工的精力就不会放在解决问题上，而是少点压力、少干点活，出了问题将责任推给别人了事。大家每天都费尽心机既要将责任推给别人，又要防止别人把责任推给自己。这样的企业哪还会有竞争力？哪还会有发展？

这几种算是非常经典的错误会议示范，当然还有其他无休止的讨论会、诉苦会等，究其原因，形成上述局面就是这个企业没有形成改善型的会议模式。所谓的改善型的会议模式就是开会的目的是为了解决问题，而且是要从本质上解决问题。

（二）业绩改善会的目的拆解

我们要实现改善型会议的基本目标就是让全员持续每天进行本质改善。全员持续每天进行本质改善就是要解决问题：通过开会知道问题出在哪里，针对问题准备怎么改善，制定相应的改善策略，还必须有一个明确的结论。同时，改善并不是为了解决这个问题而应急性地改，而是本质上地改变，我们把会议的基本目标拆解为四个要点，使大家便于理解。

要点一：本质改善。

本质改善就是这个问题在会上出现一次，有了改善策略之后同样的问题就不能再重复出现。

一家餐饮企业，客户投诉菜品里面有头发，最简单的方法就是把这盘菜退掉，然后送点小赠品安抚一下客户，最后给客户道歉，事儿就算过去了。但是我们想一下事情彻底解决了吗？还没有，因为它还可能会发生第二次、第三次，甚至第一百次。

重复性出现问题就会对企业的品牌和影响力造成极大的损失和危害。所以，我们要做的本质改善就是把问题一次性从根本上清理干净、彻底消除，以后不再出现同样的问题。我们要研究一下为什么会出现这根头发？是员工的问题还是企业的标准或者系统的问题？这就是我们要解决的一个根本问题。

从企业整体业绩改善的角度思考，数字化会议的长期目标，不只是为了发现问题、应对问题、解决问题，更重要的是能通过本质改善彻底解决企业问题，让销冠和普通员工都能持续创造销冠业绩，也就是让普通员工越来越接近于销冠的水平。比如员工在改善之前可以达到60分，通过数字化会议的本质改善下次能达到62分，再下次改善为68分，每次都能让员工提升一点，每次都要真的有变化，这就是我们要做的本质改善。

要点二：全员改善。

企业中的每一个人都要持续改善，尤其是管理者要带着员工不停地做改善。前面已经讲过，领导把员工的活都干了，让员工闲着，员工闲着就议论是非并传递负面信息，其实就是管理者的失职。管理者不仅要做改善，还必须带动员工持续做改善，否则管理者只顾自己改善，而员工还在那里闲着传递负面信息，这个企业就不能发展了，企业文化也就变质了。

要点三：持续改善。

持续改善用五会系统来实现，这五会分别是：年会、季会、月会、周会、日会。公司级别开的会议为年会、季会、月会；部门级别开的会议是月会和周会；店面级别开的会议就是周会和日会。

五会就是一个持续改善的关系，不只是每天开会进行一次改善，这周做了改善，下周还得继续改善，每周都要改善，不仅仅是为了每个月的目标，还为年度目标打基础。所以，我们把年度目标分解到季度，再分解到每个月，甚至分解到每周、每天。在每次做改善的时候都要为这个目标服务，然后今年的改善做完了再继续做明年的改善，只要企业还存在就不停地持续改善。

通过这种有效的改善型会议，可以让企业始终处在改善的状态下。如果企业本身具备竞争优势，又在不断改善，那么就会取得最理想的结果：

经常被模仿，从未被超越。

要点四：每天改善。

不仅要做到持续改善，还要每天改善。改善和我们前面讲的销冠孵化器是一样的，这是一个习惯建立并固化的过程。对于管理者来说，就是不断地强化改善能力，不断地超越自己的极限、打败自己的过程。

当一个人很长时间不改善了，突然让他改善，他就特别痛苦、无法适应。特别是现在绝大多数企业都是维持型的管理者，不会主动去想如何创新、如何改善，而是每天处理日常事务，然后就挺着、混着，遇到事请就处理一下，推着走一走，实际上他根本就没有在做管理的工作。

要强化全员的改善能力做每日改善，让管理者及全体员工都觉得改善是自己的基本工作，是常态。所以，改善必须每天做，强化自己的改善能力，养成习惯。

通过固定的周期性会议，打造全员持续进行本质改善的习惯，落地企业持续改善机制，是改善企业体制、建设企业核心竞争力的基础工作。

（三）什么是数字化业绩改善会

数字化业绩改善会到底如何让全员持续每天进行本质改善呢？

数字化会议的核心内容可以这样概括：每个与会的管理者分析本部门上一周期的绩效数据，找出自身存在的问题，设定科学的改善策略并承诺改善结果，领导者在会上辅导支持管理者设定改善策略并确认改善结果。会后，管理者按照会议决议执行改善，实现改善承诺。其核心原理如图6－2所示。

为了理解这个原理，企业要精确定义指标的内涵：绩效指标是基于流程执行的数量和质量。

通过这张图中的例子可以看到：员工按照标准接待一个客户就会产生一个数据——客流量；如果客户认可，我们就会进行客户信息登记，也就是留档量；如果客户有购买意向，此时在不同的行业就会有不同的数据体现。

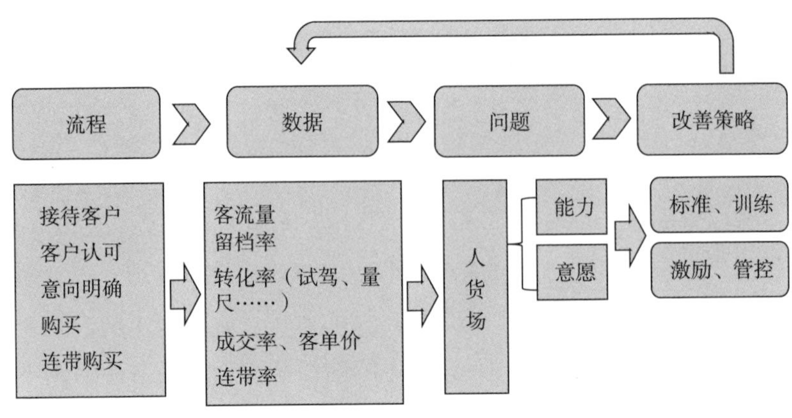

图 6－2　数字化业绩改善会逻辑

汽车销售公司就会涉及试驾的数据，家具建材企业就会涉及量尺和设计出方案的比例……不同行业的体现指标数据不同。如果客户购买了，就会有基本的成交率、客单价及毛利率，等等。如果客户连带购买，就可能会有连带率。如果客户是重复购买，就可能会有办卡或者会员卡充值的数据。

通过这些数据，管理者可以看到销售人员销售流程标准执行的数量和质量。通过进一步的数据分析，可以看到销售人员是否按照科学的标准执行到位。

如果没有，那么问题在哪里？如何有效解决问题？**出现问题的原因是多种的，可能是人的原因，可能是货的原因，也可能是场的原因，那么我们就要有针对性地做改善，这就是核心工具——数字化业绩改善会。**

从改善过程看，改善的源头是流程执行的结果，也就是前面讲的“双百工程”：一百分的标准，100% 执行到位。如果执行得很好，当然没问题了，就不需要改善，但是我们往往会发现流程执行不到位，而且流程本身也并不是一百分的标准。

在这种情况下，我们就要基于数据进行倒推，看看流程执行到这个程度满不满意，然后再分析一下，是流程不科学，还是执行不到位。如果是流程不科学，就找到流程的问题去改善流程；如果是执行不到位，就找到执行的问题，改善执行的过程。

实际上，在绝大多数情况下都是人的能力问题，所以用销冠孵化器改善标准，然后把这个销冠思维习惯植入员工身上，让员工具备这个思维习惯去执行到位。所以，我们在分析数据的时候，最后核心的改善点就是盯着人的能力改善。

需要强调的是，人员能力的改善培训并不是一个泛泛的概念化培训，而是有针对性的点对点的培训。通过数据分析找到销售人员具体的问题点，然后进行针对性的改善。

我们基于顾问式销售的流程，流程已经是一百分的情况下，通过数据分析发现了某员工执行不到位，原因是这个人不会判断客户的预算。此时你再去给他整体地讲顾问式是没有用的，因为他觉得都已经学过了就不再去听了，不会因为自己预算判断不好，在老师讲到预算判断的时候突然就惊醒过来要去听。所以，科学的改善不是做笼统的大方向的培训，而是有针对性的点对点地改善。可以让他参加预算判断提高班的辅导，这也是我们在销冠孵化器中要把销售流程拆分成各个节点，再做成教材，进行有针对性地模拟训练的原因。

按照上述逻辑周期性地进行数据分析、改善执行，就形成了企业的持续改善机制。

（四）数字化业绩改善会流程

为了让这个原理落地，企业需要规范会议的流程，形成标准化的会议模式。图6－3是数字化业绩改善会的具体会议流程，整个会议流程由决策人、汇报人、主持人、记录人四个岗位组成，共分为会前、会中、会后三个阶段。

1. 会前阶段

所有会议都是从会前开始的，很多企业开会很随机，企业家有了新想法，马上组织大家开会，结果谁都没有准备，开会就不可控了，很难达成会议预期的目标，导致低效还没有结果。

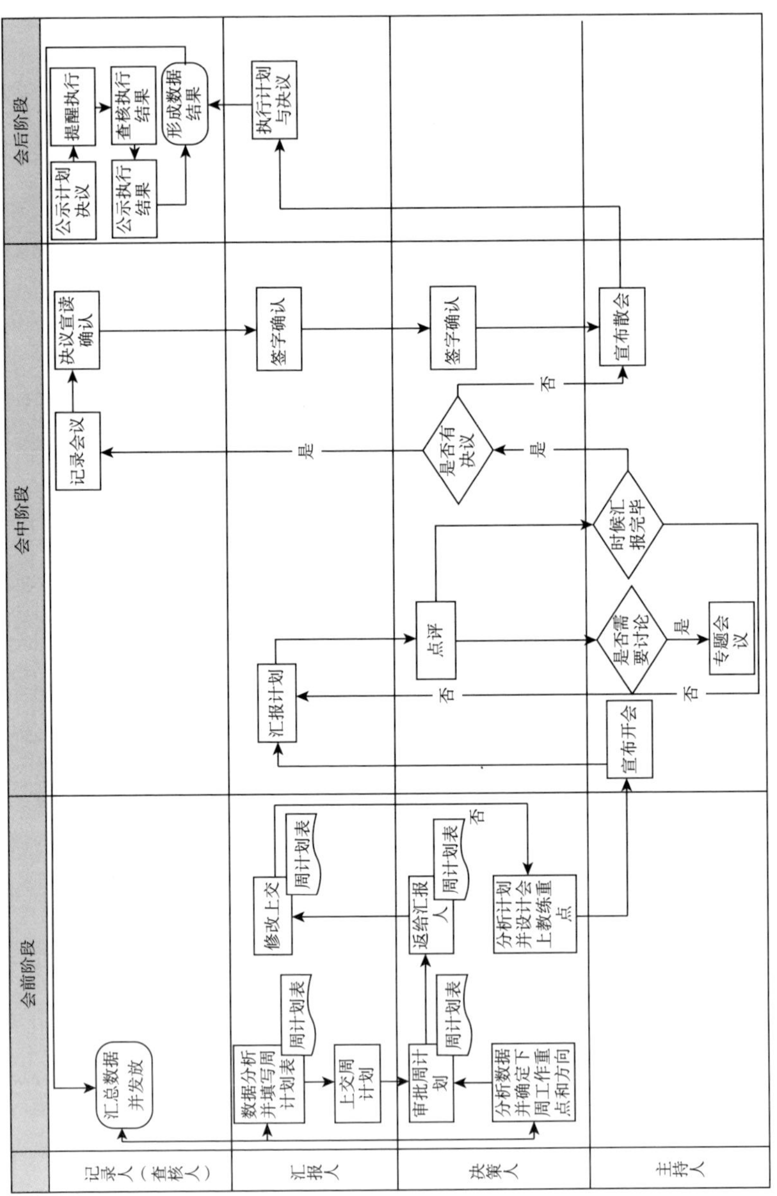

图 6-3　数字化业绩改善会流程

会前都需要做什么呢？我们看一下流程图，首先上周的数据和查核结果发给决策者和汇报人，这些数据通过科学的设计，可以透视企业的运营过程，找到问题。

汇报人通过数据分析填写周计划表，周计划表是将分析问题、找到原因、制定策略的过程形成了标准化的模板，让每个管理者都可以运用科学的方法制定改善策略提升业绩。

决策人根据数据与执行追踪状况确定本周工作重点和方向，虽然决策者没有做计划，但是心中对每个店如何做业绩改善，以及如何保障改善实现的结果已经很清楚了。汇报人上交周工作计划表，决策人审批。决策人基于之前分析的结果和方向找到汇报人周计划的问题点，帮助汇报人调整思维方式，重新定义工作计划内容，决策人审批后返回给汇报人；汇报人根据领导审批意见修改周计划，再次上交，决策人根据汇报人修改的结果分析汇报人思考的盲点并设计会上教练的重点，以保证会上有效地对管理者进行教练，提升管理者的改善能力。

会前充分的准备保证了会上决策的科学性，也保证了对管理者培养的针对性，因为信息全面，又有足够的思考时间，甚至会前准备的价值比整个会议过程更重要，是业绩改善的核心和关键点。

2. 会中阶段

会中阶段其实就是一个确认和承诺的过程。为什么说它是一个确认和承诺的过程呢？因为我们在整个会议过程中不去做讨论，如果需要讨论另立专题会议，会上只需要确认，这个目标是不是大家认同的，为了达成这个目标，计划是什么样的、如何衡量计划完成了。

这个会议的过程需要主持人与决策的领导有效地配合，其实过程很简单，店长汇报工作，决策者点评，其他人过程中不得打断，店长汇报工作只阐述结果，不描述过程，主持人按照会议流程进行，但凡有讨论或者其他违规做法立即制止，保证会议正常进行。如有决议，则会议记录人及时记录，并在会议结束前确认决议内容。

会中阶段，实际上是我们引导管理者的一个过程，引导管理者做出目标和相应的改善计划承诺。如果管理者没有自己做出改善的能力并且理解其中的逻辑，他就没有办法执行好。所以，会议的过程事实上是一个培养管理者的过程。

3. 会后阶段

在这一阶段，监督执行是决策落实的一个关键步骤，公示决议、提醒执行、查核执行结果，就使企业变被动为主动，企业等待执行者主动执行，在执行者的执行主动性上大做文章是不可控的，必须从会前管理者自己做计划到会上承诺，会后监督执行都为执行打基础，执行落地才是可控和可实现的。

我们会后对执行结果的分析又会形成下一周期的工作目标和计划，如此一个通过计划、执行、查核、改善，再计划、执行、查核、改善的过程，实现了业绩的螺旋式上升，所以数字化业绩改善会的过程实际上是一个把改善的逻辑落地的过程，通过有效环节的设计来实现制定科学改善决策、培养能改善的管理者和打造改善执行力这三方面的价值，最终支持业绩改善。

给大家看一个数字化业绩改善会的案例，这是一个总经理周会的会议情况，主持人是人事行政经理。

主持人："今天是7月13日星期一，参会人员到齐，下面开始今天的周会。我先汇报上周会议决策追踪状况……

接下来大家汇报各自的总结与计划，首先请市场部李经理。"

市场部李经理："上周两项重点工作均已完成。本周工作数据已经发到大家手里，根据数据分析结果，先汇报一个好消息。经过上次方案调整，这两个月连带率综合提升了20%，效果非常明显；第2项重点工作是B店3款产品需调整陈列；第3项重点工作是折扣率存在问题，而最主要的关于折扣的激励是折扣奖金和绩效考核折扣率指标，奖金我认为没有问题，考核里面的折扣率指标的权重是偏低的，我的方案也已经呈报，建议提高考核折扣率的权重；本周第4项重点工作是产品价值塑造培训设计与培训，培训将在周三完成，参训学员已和销售部及人事部沟通完毕；第5项重点工作，数据显示A店一名导购、C店两名导购成交环节能力不足，需要进行成交能力的模拟训练，本周四进行，已与人事部交接完毕。”

总经理：“好！”

主持人：“销售部！”

销售部经理：“上周销售额是142.7万元，达成本月计划目标的18.6%，截至今天总计完成计划目标的43%；上周回款额目标达成；新店装修进度是今天工人撤场。”

总经理：“×店店长要调到新店，李×作为新竞聘上岗的店长，这段时间怎么样？”

销售部：“李×也是正常竞聘上岗的，她竞聘时的计划我已经和她一起完善了，整个工作计划的细节也逐步推行，有些细节会提前让我指导，基本没问题，我会持续关注她一段时间。”

总经理：“嗯，虽然咱们的店长复制体系比较完善了，但李×的胜出多少有些出乎大家的意料，比咱们想象得要优秀，你多关注些吧。”

销售部接着说下本周计划：“本周绩效目标：销售目标57万元，成交率17%，折扣率7.5折以上。本周计划重点工作：新店样品陈列；新产品二轮培训；新店客户档案表修改、印刷；1店陈列调整；A、C两店导购成交环节模拟。这是销售部本周计划。”

总经理：“新店的产品算是一个新的行业，咱们以前都没涉及过，大家有没有压力？”

销售经理：“压力还是有的，但也是兴奋的。虽说大家以前都不了解产品，但是公司有这个决策，从市场、采购、销售和各个部门配合到今天可以算是大家精心设计的作品就快面世了，更多的还是期待。”

总经理：“嗯，这个过程我们也要注意总结，以后依然会涉及新的领域，行政部组织吧，大家对这个过程进行总结，看看有哪些可以优化的地方。”

行政部：“周会结束，各部门经理留下开专题会确定总结的方向和要点、形式及时间。”

总经理：“嗯，关于市场部提升折扣率的方法，销售部有什么想法？”

销售经理：“我还是希望增加正向激励，我觉得不是大家不重视，只是为了追求成交率，所以有的时候折扣就会大一点。如果折扣奖金增加，那么大家除了关注提成外也会考虑折扣奖金，所以折扣率我想会好一些的。”

总经理：“市场部?”

市场部经理：“我们看之前的数据可以判断其实导购是有能力保持高折扣的，但为什么折扣率上不去，我认为更多的是导购的意识，的确加折扣奖金也能起到引导作用，但我们也得考虑成本，我认为没必要。”

总经理：“销售部?”

销售经理：“……可以试一下，先调整下考核权重，看看有没有效果。”

总经理：“那就按你说的办，和人事部一起按考核管理的相关流程执行吧。”

销售部：“好，这周完成，下月执行。”

主持人：“接下来由采购部汇报。”

……

主持人：“接下来我说下人事行政部的工作。上周新店导购的考核工作和销售部共同完成，达成预期目标，已经将人员调整到相应店面；针对新店的人员调整都已完成；新产品的第一轮培训考核结果正在做分析，并且针对这个结果设计了第二轮的培训也是本周的重点工作之一，本周重点工作第二项是开业的准备工作，已和市场部、销售部开过专题会议，内容确定。完毕!”

总经理：“开业邀请名单下午2点咱俩再确定下，可能有些人要加下。”

主持人：“好的，还有其他事吗，领导?”

总经理：“没有!”

主持人：“那好！本次周会的会议决议和以往一样，下午上班前会发给各位，行政部会持续跟踪。散会!”

（五）数字化业绩改善会的好处

通过上面会议的过程，我们可以看到用这样的方式会带来三个好处：

第一个好处就是可以设定科学的改善策略。通过科学合理的方式及客观数据的分析精准地发现问题并进行有针对性的改善，这也就实现了会议目标中的本质改善，问题发生一次就绝不可以发生第二次。比如案例中市场经理通过数据分析找到了店面员工能力不足的问题点，并设计有针对性的训练改善。

第二个就是打造改善型的管理团队。前面已经讲过管理者并没有做应该做的工作，而是去找他的领导："领导，出了这个问题你说怎么办？"他的领导还很开心地告诉他怎么办。这样管理者就没有责任，也不思考，推一推他动一动，然后他还把责任转移给他的领导，等到出了问题，领导问怎么回事儿，他会跟领导说"是按你说的做的"，这个领导者就是失败的。

而我们要的合格管理者不仅要思考自己能否去改善工作标准，还要考虑能否让员工在标准执行过程中尽可能贴近一百分。当管理者每周、每月都去填会议报表的时候，你会发现他每次都按照这样的思维去解决和分析问题并去做改善，就慢慢成了一个改善型的管理者，这样就能够打造出很优秀的改善型的管理者，从而也为把科学的改善策略执行落地打下了良好的基础，同时也达到了全员改善，管理者带着员工不断改善，最终实现整体团队改善的目的。

第三个最重要的好处就是可以打造企业的执行力。企业的执行力可以分为流程执行力和改善执行力。流程执行力就是在已有标准的情况下，员工能否 100% 执行到位的问题；改善执行力是指标准需要改善，团队能否将改善决议执行到位的问题。要想让执行力落地，就需要有人查核管控，这就是打造企业执行力的过程。

在数字化会议中，每个部门都要有数据，这个数据就是流程执行的数量和质量。我们每周都关注这个数据，各部门就得想办法呈现出好看的数字，就要尽量把标准执行到位，所以我们就查核了他们的标准执行力。

在会上我们发现问题并制定改善策略，改善策略执行完成也一定会体现出数据变化，也就是改善目标是否达成了，这样就又打造了企业的核心执行力：改善执行力，那么在执行标准时，这个标准是否是一百分，再进行一个改善，把标准尽可能优化成一百分。

因此，当一个企业既具备标准执行力，又具备改善执行力的时候，这个企业的整体执行力也就彻底执行到位了，从而实现掌控持续改善和每日改善落地打造企业执行力。

这个会还可以分为不同的级别，最基础的就是店长级别的会议，再往上是区域经理级别、大区总监级别。实际上，很多企业虽然有销售经理，而企业家依然没有脱离店面的管理，我希望企业家们能够学会开这样的会议，然后让销售经理学会带着店长开会。上面是以店长级别的业绩改善会为例的，其他级别的会议逻辑都是相同的，只不过分析的数据层次不同。

第二节　周工作计划总结表

——一张表实现全员持续每天进行本质改善

当企业家们想要让改善落地的时候，却发现把想法变成现实真的太难了。想让一个想法或者一套模式落地的时候，需要有很多管理工具和方法帮助我们实现，而不是靠企业家自己去沟通和引导。

（一）没有工具就无法落地

很多都是企业家自己想出来要沟通和引导的内容，然后说给管理者。然而企业家所描述的和管理者所理解的是有偏差的，甚至是完全不一样的。这就会经常出现企业家想要做到心里想的，但实际上管理者完全没有领悟或者根本就做不到。

企业家就希望管理者能够持续每天进行本质改善。但管理者每天的工作太多了，不知道他什么时候有时间，也不知道他要怎么做改善，于是企业家对管理者越来越不满，总想找个更好的管理者。其实人与人之间的感觉是相互的，管理者也会感觉不舒服，于是双方就开始出现矛盾并愈演愈烈，这样下去企业怎么可能会管理好？

这些状况最终的原因还是管理方法不够标准，没有达到傻瓜化和工具化。因为不够傻瓜化和工具化，员工就不会做也不会用；因为不够标准化，员工就会理解有偏差，即便是做了也是南辕北辙，做的不是你想要的。在企业管理中，要想让模式落地最简单的方法就是填表单，而表单的设计原则就是要标准化、傻瓜化和工具化，所以表单在企业管理的实际应用中非常广泛，也是最实用的管理工具。

我们一定要制作一个标准化、傻瓜化、工具化的表单来把企业家想要的东西进行落地。这个工具表单就是周工作计划总结表，我们只需要制定出这个科学的计划总结表，把这个表单傻瓜化、工具化，所有的管理者都可以按照表单里的要求去填写，只要填写准确就不会出现理解偏差，而这个周报表又是有填写周期的，每周都要填写，如此长期往复，就会越来越熟练，这样就可以实现全员持续的每天进行本质改善，那么这个改善也就自然而然地落地了。

在现代企业管理中，基于数字分析改善业绩的会议形式在全国性企业甚至是世界级企业中都是广泛应用的，可以说会议数据化的深度和级别决定了一个企业的规模。

大多数民营企业没有进行数字化管理，而是靠人盯人的方式进行管理，也就是我们常说的“人治”。与此相对的，规模化企业都是应用数字化管理的专家。

大家可以想象一下，如果一个企业家每天亲自走访、管理 3 家门店，是不是很辛苦？如果用这样的方式管理肯德基、麦当劳等世界级的连锁企业会怎么样呢？这样的企业动辄数万家连锁店，每天管理 3 家，一年也就管理 1000 多家，一个超过万家的连锁企业要十几年、二十年才能走访、管理一圈！20 年后，我们再去关注管理过的第一家门店，这家店可能已经不存在了。

所以，用“人治”的方式根本不可能管理规模化的企业。前面提到台资企业通过一天的会议可以管控一个大区一个月的市场运作，就是通过数字化报表管理的方式实现的。

根据我们的咨询经验验证，如果企业只需要一天的会议进行数据分析并设定科学的改善策略，就能掌控省级市场甚至大区级市场一个月的运营管理，企业就可以成为全国性品牌；如果一天能搞定一个城市级市场一周的运营，企业就可以成为省级品牌。可以说，计划总结表的数据分析周期和深度决定了企业的管控范围，从而决定了企业的级别。

（二）管理改善实用工具——周工作计划总结表

我们基于多年的研发，设计出了能够把全员每天进行持续改善的周工作计划总结表。如表 6－1 所示。

表 6－1　周工作计划总结表

门店	倚天店	店长	殷素素	时间	2019. 01. 02 －2019. 01. 08/ 2019 年 1 月第 1 周
上周工作总结					
绩效指标	人员	上周目标	实际达成	差异分析	改善计划
销售额	店总				
	张无忌				
	赵敏				
客流量	店总				
	张无忌				
	赵敏				
订单数	店总				
	张无忌				
	赵敏				
订单率	店总				
	张无忌				
	赵敏				
客单价	店总				
	张无忌				
	赵敏				
改善专案		上周目标	实际达成	差异分析	改善计划

续表

<table>
<tr><td>门店</td><td>倚天店</td><td colspan="2">店长</td><td colspan="2">殷素素</td><td>时间</td><td colspan="3">2019. 01. 02 – 2019. 01. 08/
2019 年 1 月第 1 周</td></tr>
<tr><td colspan="10">本周工作计划</td></tr>
<tr><td rowspan="4">本周绩效目标</td><td></td><td colspan="3">销售额</td><td>客流量</td><td colspan="2">订单数</td><td>成交率</td><td>客单价</td></tr>
<tr><td>店总</td><td colspan="3"></td><td></td><td colspan="2"></td><td></td><td></td></tr>
<tr><td>张无忌</td><td colspan="3"></td><td></td><td colspan="2"></td><td></td><td></td></tr>
<tr><td>赵敏</td><td colspan="3"></td><td></td><td colspan="2"></td><td></td><td></td></tr>
<tr><td rowspan="4">本周改善工作</td><td rowspan="2">改善专案</td><td colspan="7">计划进度</td><td>完成目标</td></tr>
<tr><td>一</td><td>二</td><td>三</td><td>四</td><td>五</td><td>六</td><td>日</td><td></td></tr>
<tr><td></td><td></td><td></td><td></td><td></td><td></td><td></td><td></td><td></td></tr>
<tr><td></td><td></td><td></td><td></td><td></td><td></td><td></td><td></td><td></td></tr>
<tr><td>上级领导评价</td><td colspan="9"></td></tr>
</table>

这张表的整体逻辑完全符合数字化业绩改善的逻辑，共分为两部分：一部分是上周工作的总结，另一部分是本周工作的计划。为了便于大家理解，我从本周的工作目标与计划开始讲。

要想设定目标和计划，先要设定绩效指标。绩效指标是员工执行流程的数量和质量的体现。比如销售或服务人员接待多少客户就是执行了多少次客户接待流程，而接待后成交或者流失就是执行的质量，这样我们就能通过绩效指标透视员工的过程表现，能有效地界定业绩问题是外部因素还是内部因素造成的。

有了指标就可以进行目标的设定，当然目标的设定要合理，也要坚持基本的原则。接下来就可以根据实际的完成情况和设定的目标对比进行差异分析并制定改善计划，计划是实现目标的过程，所以周计划表上有改善计划一栏，改善计划的第一列是改善专案，改善专案支撑下一周经营目标的实现。

改善专案有两个来源：一是总结上周找到的问题要进行的改善；二是为了达成目标主动性地改善。改善计划还要有目标，很多企业有计划，但是没有完成的标准或者叫目标，就没办法衡量是否完成。所有计划一定要有可衡量的结果，也就是我们做一个动作希望达成的结果。

这样本周的计划经过一周的执行到下一周就要把执行的结果填到上周总结部分里，上周的总结里面有两个方面的内容：一方面是绩效指标完成状况，另一方面就是改善计划完成的状况。我们先看绩效完成状况，大家看到有一列是目标，一列是实际达成，目标和实际达成之间的差距就是问题，问题就是我们要分析解决的，可以通过数据分析找到问题然后进行本质改善。

差异分析一列就是要填写问题出现的原因，改善计划一列我们要填写具体的解决方案，这个改善方案怎么落实呢？转化成一个专案，填到本周的改善计划里。这个改善专案就是针对人员的改善，而且具体到每一天，这样管理者就可以掌控员工的时间，实现全员改善了。在全员改善的同时，因为改善专案是根据下周工作的忙碌程度安排，具体到每一天的工作，所以员工就可以根据计划每天都进行相应的改善，也就达到了每天改善的目的。

改善计划完成状况的原理也是这样的，不同的是总结的内容不是绩效指标而是改善专案达成的状况，基于上周的工作总结设定新一周绩效指标和改善计划，周而复始形成一个科学的业绩改善闭环。所以，全员每天都在进行本质改善，这周改善专案完成了还不是结束，在下周要进行总结本周的改善是否执行到位，对下周的数据指标有哪些支撑，然后再继续改善，这样就可以真正实现让全员持续每天进行本质改善的最终目的。

（三）周工作计划总结表的操作规范

周计划总结表的每一部分该如何填写呢？基于醒客堂给企业辅导的经验总结出一些填写标准和规范，给大家借鉴参考。

1. 设定绩效指标

绩效指标如表6－2所示。

表6－2 绩效指标

上周工作总结					
绩效指标	人员	上周目标	实际达成	差异分析	改善计划
销售额	店总				
	张无忌				
	赵敏				
客流量	店总				
	张无忌				
	赵敏				
订单数	店总				
	张无忌				
	赵敏				
订单率	店总				
	张无忌				
	赵敏				
客单价	店总				
	张无忌				
	赵敏				
改善专案		上周目标	实际达成	差异分析	改善计划

这个绩效指标就是前面强调的流程执行的数量和质量，这个要基于每个行业的特质来进行设置，就是接待客户的过程，从客户来到店面，到通过沟通客户相信自己，再到客户能够在自己这里成交购买，最后客户购买产品的质量和特征。

这些通过分析可以确定一些基本的指标，包括客流量、留档率；还有客户体验的比例，如试乘试驾率、量尺率等；接下来就是成交率、客单价、连带率、毛利率等。

以客户到药店买药为例，有客户到店进行接待就是客流量。

客户接受接待后销售人员就会留下信息，比如留电话号码或者加微信，这就是留档量。

留档之后客户在这买药了，这是成交量。

客户买了多少钱的药，这是客单价。

都买了哪几种药，也就是药品配伍，这是连带。

每种药的毛利是多少，这是毛利率。

客户买完药支付药费是用现金还是会员卡支付的？客户是否办理了会员卡？办会员卡之后有没有充值？这些分别是办卡率和储值金额。这就是数据的一个基本来源和逻辑。

所以，每个企业都可以根据自己的行业状况，按照整个流程执行的状况去分析并找到在每个流程执行环节的关键节点上都有哪些重要数据需要考量，然后把它们设置成为考核指标填写到周工作计划总结表的绩效指标中。

2. 填写目标

填写目标如表6－3所示。

表6－3　填写目标

上周工作总结					
绩效指标	人员	上周目标	实际达成	差异分析	改善计划
销售额	店总				
	张无忌				
	赵敏				
客流量	店总				
	张无忌				
	赵敏				
订单数	店总				
	张无忌				
	赵敏				
订单率	店总				
	张无忌				
	赵敏				
客单价	店总				
	张无忌				
	赵敏				
改善专案		上周目标	实际达成	差异分析	改善计划

上周目标就是在此之前设定的上周计划要完成的任务，这个目标的设定有两个方面的来源：一是根据上周的状况进行分析总结，然后预测下周将会是什么样的情况，同时再综合下周可能会出现的一些变化，比如淡旺季的变化、是否有节假日等，这样去预测下周的数据变化；二是结合上周所做的改善预期的结果确定本周的目标。

绩效指标的目标设定要遵循SMART原则，也就是绩效指标必须是具体的（Specific），要切中特定的工作指标，不能笼统；指标还必须要可度量的（Measurable），是数量化或者行为化的，验证这些绩效指标的数据或者信息是可以获得的；指绩效指标在付出努力的情况下可以实现（Attainable），避免设立过高或过低的目标；绩效指标还要与本职工作相关联（Relevant）；最后要强调完成绩效指标的时限（Time-bound）。

3. 填写实际达成

填写实际达成如表 6 –4 所示。

表 6 –4　填写实际达成

上周工作总结					
绩效指标	人员	上周目标	实际达成	差异分析	改善计划
销售额	店总				
	张无忌				
	赵敏				
客流量	店总				
	张无忌				
	赵敏				
订单数	店总				
	张无忌				
	赵敏				
订单率	店总				
	张无忌				
	赵敏				
客单价	店总				
	张无忌				
	赵敏				
改善专案		上周目标	实际达成	差异分析	改善计划

填写实际达成就比较容易理解了，就是客观地从软件或者相关的数据中进行统计，得到实际达成的结果。

4. 进行差异分析

进行差异分析如表 6 –5 所示。

表 6 –5　进行差异分析

上周工作总结					
绩效指标	人员	上周目标	实际达成	差异分析	改善计划
销售额	店总				
	张无忌				
	赵敏				
客流量	店总				
	张无忌				
	赵敏				
订单数	店总				
	张无忌				
	赵敏				
订单率	店总				
	张无忌				
	赵敏				
客单价	店总				
	张无忌				
	赵敏				
改善专案		上周目标	实际达成	差异分析	改善计划

差异分析是这张周工作计划总结表的核心点之一，**需要特别注意的**

是，差异分析不是分析数据的差异，而是要分析产生差异的原因。也就是说，这里的差异分析实际上叫作差异原因分析，强调分析出根本原因。

差异分析不是为了分析外部原因，比如客户的原因，或者大环境的原因等客观原因，虽然这些对结果会产生一定的影响，但这些并不是我们能解决的。我们需要重点分析的是自身有什么问题，客观原因可以一笔带过。比如由于大环境不好的原因造成了客流量下降，但是客流量降低不只是大环境的原因，或许促销政策有问题，或许对外推广有偏差，或许门口的迎宾有问题，这些都可能是影响客流的因素。

这样，我们就需要把更多的注意力重点放在分析内部原因上，而且这个原因分析要非常细致，要细到对于每个环节执行能力的分析。不是仅仅说主要原因是这个环节执行得不好，这个在数据上就已经看到了，而是直接去分析一下这个环节执行能力的问题。

比如客单价低，客户预算的判断能力就决定了客单价的高低，要分析一下这个员工对客户预算判断的能力是否足够满足工作需要，尽可能分析到员工能力的高低，对应的是点对点的科学的改善策略，所以原因分析决定了制定的策略是否科学。

5. 制定改善策略

制定改善策略如表 6－6 所示。

表 6－6　制定改善策略

上周工作总结					
绩效指标	人员	上周目标	实际达成	差异分析	改善计划
销售额	店总				
	张无忌				
	赵敏				
客流量	店总				
	张无忌				
	赵敏				
订单数	店总				
	张无忌				
	赵敏				
订单率	店总				
	张无忌				
	赵敏				
客单价	店总				
	张无忌				
	赵敏				

针对我们分析出来产生差异的原因制定改善策略，找出解决问题的方

法。改善策略一般分为两个方向：一是能够优化我们的系统；二是改善我们的系统执行力。也就是我们一直都在说的一百分的标准，100% 执行到位。优化系统就是完善标准，改善系统执行力就是改善标准执行力，我们就针对能力、动力、推力来制定有针对性的改善策略。

6. 上周改善总结

上周改善总结如表 6 –7 所示。

表 6 –7　上周改善总结

上周工作总结					
绩效指标	人员	上周目标	实际达成	差异分析	改善计划
销售额	店总				
	张无忌				
	赵敏				
客流量	店总				
	张无忌				
	赵敏				
订单数	店总				
	张无忌				
	赵敏				
订单率	店总				
	张无忌				
	赵敏				
客单价	店总				
	张无忌				
	赵敏				
改善专案		上周目标	实际达成	差异分析	改善计划

这部分就到了给上周的改善进行总结的阶段，就是基于上周的工作状况做了差异分析并有针对性地制定了相应的改善策略，同时也设定了相应的目标。此时就要分析上周的目标和现在实际达成的情况，并做总结。

如果出现了改善没有达成目标，同样也要分析原因，分析自身的改善能力，就是管理者自己的改善能力或者自身改善的策略和方法。分析目标是否达成的重点在于我们设定的改善策略是否正确，改善的执行能力是否存在问题，然后再去分析改善的执行过程是否有问题。所以，这里的差异原因分析主要是要找到这三个方面的原因，然后在针对这三个方面的原因设定下一步的改善计划，把这个计划列入下周改善专案里面。

7. 拟定本周计划

拟定本周计划如表 6 –8 所示。

表 6－8　拟定本周计划

本周工作计划									
		销售额		客流量		订单数	成交率		客单价
本周绩效目标	店总	35400		40		10	25%		3540
	张无忌	26400		25		7	28%		3771
	赵敏	9000		15		3	20%		3000
本周改善工作	改善专案	计划进度							完成目标
		一	二	三	四	五	六	日	
主管评价									

在这里，需要注意在填写本周工作计划的时候，不是直接往下填写本周的绩效目标，而是要填写本周改善工作，就是要把经过分析总结找到原因并制定的有针对性的改善策略转变成专案，大家一定要注意改善策略必须要变成专案。因为要把改善策略落地，就要形成一个具体的操作专案。专案就是把改善策略变成具体要解决的事情，然后再基于要解决的这件事情分出步骤，接下来就是根据下周工作的忙碌程度，规划到下周的每一天里，这样就可以实现全员每日改善的目的。

在安排下周每一天计划的时候需要注意，这个忙碌程度是要根据整体门店工作的忙碌状况来确定的，而不是根据管理者的工作时间，因为管理者的时间相对来说是可以调配的，毕竟员工的大部分时间都是要接待客户并为客户提供服务的。所以我们在进行改善的时候尽可能地避开员工忙的时候，让他们能够有时间去创造更多的价值，在员工闲暇的时候再去做改善。

我们把改善策略形成了改善专案，也按步骤进行了分解，这时还不算完，还要设定出改善的总目标结果，就是把完成目标设定出来，不是说改善了就完事了，而是要改善到什么程度、达到什么目标、要取得什么样的结果，这样的改善才是有始有终、有的放矢的。

改善目标的设定也一定要符合 SMART 原则，因为绩效指标的目标是数字化的，很容易确定，但是改善策略就很难把它数字化。所以，我们将改善策略按照 SMART 原则形成可度量的数字化，并可以实现的具体改善目标。

同时，本周的改善工作专案到了下周做总结的时候，就要填写在上周工作总结里，把改善专案的执行情况及达成结果进行总结分析。

8. 预测本周目标

预测本周目标如表6－9所示。

表6－9　预测本周目标

<table>
<tr><th colspan="10">本周工作计划</th></tr>
<tr><td rowspan="4">本周绩效目标</td><td></td><td colspan="2">销售额</td><td colspan="2">客流量</td><td colspan="2">订单数</td><td>成交率</td><td>客单价</td></tr>
<tr><td>店总</td><td colspan="2">35400</td><td colspan="2">40</td><td colspan="2">10</td><td>25%</td><td>3540</td></tr>
<tr><td>张无忌</td><td colspan="2">26400</td><td colspan="2">25</td><td colspan="2">7</td><td>28%</td><td>3771</td></tr>
<tr><td>赵敏</td><td colspan="2">9000</td><td colspan="2">15</td><td colspan="2">3</td><td>20%</td><td>3000</td></tr>
<tr><td rowspan="7">本周改善工作</td><td rowspan="2">改善专案</td><td colspan="7">计划进度</td><td rowspan="2">完成目标</td></tr>
<tr><td>一</td><td>二</td><td>三</td><td>四</td><td>五</td><td>六</td><td>日</td></tr>
<tr><td></td><td></td><td></td><td></td><td></td><td></td><td></td><td></td><td></td></tr>
<tr><td></td><td></td><td></td><td></td><td></td><td></td><td></td><td></td><td></td></tr>
<tr><td></td><td></td><td></td><td></td><td></td><td></td><td></td><td></td><td></td></tr>
<tr><td></td><td></td><td></td><td></td><td></td><td></td><td></td><td></td><td></td></tr>
<tr><td></td><td></td><td></td><td></td><td></td><td></td><td></td><td></td><td></td></tr>
<tr><td>主管评价</td><td colspan="9"></td></tr>
</table>

最后，我们填写的是本周目标，就是基于上周的数据状况及原有的竞争力下的客户和业绩状况，再结合本周的改善预测本周可能发生的情况，比如节假日客流的变化或者促销推广政策的影响等，综合考虑设定出本周的目标。

需要明确的是，优秀的管理者对于本周目标的判断和预测最科学的情况是越接近越好，不是说实际达成超过预先设定的目标越多就越好，比如目标设定是100，结果实际达成了150，这是判断和预测的重大失误。我们要求**目标的设定与实际达成的差距越小越好**，还是目标100，期望完成在90～110这个范围，这就说明这个管理者判断和预测的是准确的，他对员工的改善和市场的掌控是心中有数、游刃有余的，所以专业的管理者就要掌控全盘，能够精准预测业绩目标。

同样，这个本周目标在下周进行总结的时候再填写到上周工作总结部分中，然后与实际完成情况进行对比，并做差异原因分析及改善计划。如图6－4所示。

这样大家就可以发现这张周工作计划总结表有一个周而复始不断循环的改善逻辑。通过环环相扣的不断改善提高的过程，最终实现全员持续的每天进行本质改善的落地。

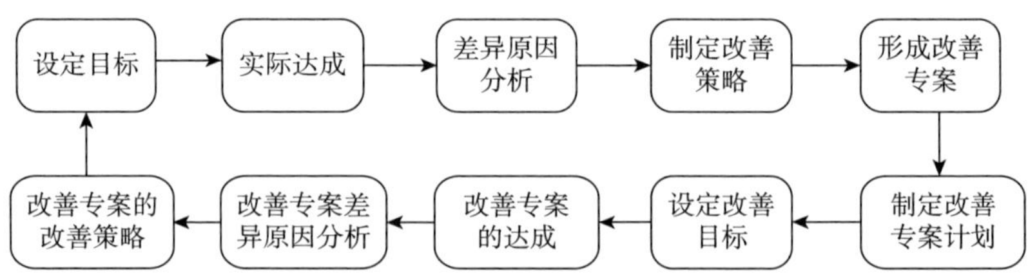

图 6-4　周工作计划改善逻辑

第七章

推力巩固：管理者推进改善落地

通过数字化业绩改善会，管理者针对问题根源制定了合理的改善计划，接下来就要扎扎实实落地改善计划。这涉及两个核心点：改善型的管理团队和改善执行力建设。也就是要有人做、做到位。

有人做就是要让现有的管理者改变过去维持的习惯，打造管理者主动型改善的习惯。这个过程和内生业绩裂变系统的逻辑是一样的，给标准、给能力、给推力、给动力。

做到位就是通过管理，保证管理者在执行改善的过程中全力以赴，在规定时间内完成改善工作，达到改善目标。

第一节　改善型管理团队建设

我们有了相应的改善策略以后就一定需要有能够真正落地执行的改善型管理者，为了让改善能真正成为企业的管理工作习惯，必须从培养管理者的改善意识开始。

（一）一般管理者仅是维持型管理者

前面的周计划表实际上就是由管理者自己主动去做改善的，但是现实中我们发现管理者的差距实在是太大了。绝大多数的管理者可以定义为维持型的管理者，他们的一个基本心态就是认为企业只要正常运转就是自己的功劳，并不想改善，也不愿意思考，更不愿意承担压力。基于这样的心态，管理者遇到问题就会推卸责任，我们称之为责任四大推。

责任第一推：推给领导。

“领导，我们部门出了个事儿，你说该咋办?”很多领导没有意识到管理者在向他推卸责任，就告诉他应该怎么办。结果这个员工还是执行不到位导致不能落地，肯定不会有好结果，此时领导就会问他：“为什么处理结果不理想?”他就会说：“这是你让我这么做的。”领导也就哑口无言了。

这个管理者不仅没有主动思考如何解决问题，甚至在逃避思考，他就是老板的一个提线木偶，根本不具备管理能力。想一下，老板带着一群提线木偶做企业会是什么样的状态，公司和员工都靠老板一个人在拉动，那就太可怕了。这也是为什么很多企业店多了之后就运转不动了，那些管理者全是提线木偶，老板一个人的精力要分成好几份，分来分去最后分到店面的越来越小，直到小到不足以管好这个店面，这个店就亏损，最终导致整个企业业绩不佳，处于危机中。

这样的企业规模注定是有上限的，而且老板要天天救火，收拾各种管理者不思考、不解决问题的残局，然后还觉得自己每天很忙，但是一件有用的事都没干，大量的时间被弥补之前的过失而占用，根本没有时间去做那些对企业战略发展和提高企业竞争力有支撑的事情，导致企业踌躇不前，甚至危机重重，这是做企业最忌讳的情况。

责任第二推：推给大环境。

有一次，在一个药店连锁企业的店长周例会上，一位店长做了这样的工作总结：“我们这周总体来说完成得还是不错的，有几款效期药已经达成了，大多数还过得去，主要是银杏叶片卖得不太好。这主要是因为季节还没到，如果进入 10 月份，这个药肯定不愁卖。”

我们来分析下这位店长的汇报，他说“有几款效期药已经达成了，大多数也还过得去”，这句话向老板透漏的信息是：“我已经完成了任务，这是功劳。后面一句“主要是银杏叶片卖得不太好”，接下来就开始一个转折，为什么银杏叶片卖得不好呢?“主要是因为季节还没到，如果进入 10

月份，这个药肯定不愁卖”。实际上，我们看前面的铺垫，就是为了说银杏叶片业绩没有完成，不是自己的责任，主要是季节的问题、是大环境的问题，而且其他做得已经很好了，这就可以证明自己有功劳、有苦劳甚至还有疲劳，银杏叶片没完成也就不是大事了。

这是个很有推脱责任技巧的店长。他不会主动说自己做得不好，自己工作方法有问题，或者没有用心做改善，其实这个工作压根就没做或者忘了做。他不会坦然承认自己的失职，他要进行自我保护，希望别人不知道他犯了错误，尤其不希望领导知道他犯了错误。然而，他犯的最大错误是为了掩盖第一个错误，而去犯了第二个错误，然后再为了掩盖第二个错误，再去犯第三个错误……到最后，坑挖得越来越大，实在掩盖不住了怎么办？那就一走了之，反正企业不是自己的，换下一家企业继续。

在这种情况下，你用这样的管理者相当于是在用一个炸药包，他不知道什么时候搞出点事情，让你无法收场，导致你在不停地救场，而且又都是很难处理的大问题，他就是个大麻烦。

责任第三推：推给同事。

前面提到的会上推脱责任的暗示是企业中常见的矛盾和问题，销售经理说：“生产部门不给出货，导致客户不满意，货款迟迟不给。”生产部门说：“巧妇难为无米之炊，采购部不给原材料生产什么？”采购部说：“原材料不得花钱买吗？财务不给钱我拿什么买？”财务说：“我倒是想给钱，销售也不找客户要钱，没有进账哪有钱？”谁都有理，都是别人的错，谁都不去承担责任，只是互相抱怨，也不去解决问题。

难道就只能这样不断循环下去吗？不是！企业家认清问题的本质，就可以打破这个死循环。

比如对销售来讲，是不是所有的货都交不上呢？肯定不是，也就一两单货或者少数几单货。生产部门是不是所有的货都因为缺少原材料而无法按时交货呢？那就更不是了，也就几单而已，更多的是生产管理的问题，他们互相推诿就是为了掩盖自己的问题。

这样就很麻烦，企业里的人际关系都乱套了，人人都推脱责任，互相看不顺眼、互相挖坑，明里暗里使绊子，就更别说协调一致、通力合作了。员工大部分的时间和精力都用在内耗上，这样的企业哪里还有战斗力？内部斗争白热化，对外竞争却不战而溃，客户自然是怨声载道。

不改变互相推脱责任的内耗，企业根本不可能变好。这种企业在未来也就没有任何发展机会了，甚至无法存活！

责任第四推：推给下属。

还有的管理者干脆把责任推给下属，出了问题不假思索、理直气壮地说："不是我的错，是这个员工没做好，我都和他说了8遍了。"

但是，一个管理者存在的价值就是要培养员工，你说了8遍，员工也没改，那你说的有什么用？你创造了什么价值？你在管理岗位上起到什么作用？全都没有。

所以，我们认为要让一个管理者意识到整个团队所有人的错误都是他的错，是他没有管理好、培养好他的下属，是他的问题。否则，管理者认为这个员工不好，新换的人就好了？也不好，再换一个人也不好，等到换了第九个、第十个人的时候还是不好，到底是谁的问题，还是员工的问题吗？

有一个笑话，一个管理者在给员工们训话，有一个新来的员工，以前是个足球运动员，当管理者训话完最后对那个新来的员工说："你们以前要是出现这种状况，是不是就会把所有的球员都开除了？"那个员工淡淡地说："不是的，如果遇到这种情况，我们一般是把教练开除了。"

这就说明管理者把责任都推给了员工，员工就不会尊重和敬佩这个管理者，也永远不会认同这个管理者，更不会在乎他，这个管理者在员工的心目中就没有任何值得钦佩的形象和地位。

这样的管理者不具备领导能力，他没有最基本的担当，更没有领导魅力，这就导致这个管理者带领的团队散了，没有凝聚力和向心力，这也是员工离职的原因。

细心的企业家会发现跟着有责任、有担当的管理者，员工的离职率是很低的，团队的氛围非常融洽；而一个把责任推给下属的管理者会让整个团队陷入一盘散沙、分崩离析、极其危险的境地。

这样看来，第一种管理者是提线木偶，第二种管理者是定时炸弹，第三种管理者只会抱怨，第四种则是把团队变成游兵散将、一盘散沙的管理者。这四种管理者都不是企业想要的，他们极大地阻碍了企业的发展，甚至把企业置于极其危险的境地。

企业缺少改善型的管理者，原因很简单，就是这些推卸责任的管理者一直做维持性的工作。前面提到，大部分员工不可能主动改善自己和团队。既然他们不主动做改善，就给他们一个系统的改善模式，并把他们培养成改善型的管理者，让他们能自己制定改善策略，不断地提高自己及员工的能力，持续地优化企业的竞争优势，这样周工作计划总结表的最终目的就可以实现了，企业也就能够在市场竞争中立于不败之地。

（二）打造改善型管理团队的方法

现在我们要打造一个改善型的管理团队，就要有一个系统的改善模式，为了让模式落地并且能够持续运转下去，我们要分四个步骤来进行：

第一步，给标准。

第二步，给能力。

第三步，给动力。

第四步，给推力。

对于管理者，我们也一样要给他们相应的培养，既然不知道如何做改善，第一步就先给改善的标准，让他知道什么是对的、怎么做才是好的。有了标准，也就有了目标，接下来我们就要向着目标进发，努力达成这个标准。

要想达成标准可能会有几个方面的阻碍因素，首先是否具备达到标准的能力，如果不具备，即便再努力也是无法达成标准的。所以，我们此时就进入第二步，赋予他能力，让他有能力来实现目标、达成标准。

第三个阻碍因素就是已经具备了实现目标的能力，但是他是否有足够的意愿去操作和执行呢？就像发动机一样，没有汽油依然还是动力不足、无法前进，所以还要给他足够的动力，让他有意愿主动去执行。

最后一个阻碍因素就是人的惰性。有了标准，同时自身也有了足够的意愿和能力，但随着时间的推移或者其他原因，管理团队还是会懈怠、止步不前。如果这样，企业家之前所做的工作就前功尽弃了！

为了能够保住前期努力的胜利果实，要让这颗果实时刻保鲜，企业家还要给管理者推力。通过企业给他的推力，促使他或者迫使他不断地优化、持续地改善，直到建立并固化成为习惯，最终打造出改善型管理团队。

这个方法已经在很多企业有了实践印证，培养出了批量可复制的改善型店长，这些改善型的店长为企业业绩的改善做出了杰出的贡献，他们持续地创造出卓越的业绩，企业业绩大幅提高，可以说他们是企业销售业绩的中坚力量。经过我们辅导的一家药店企业，在短短一年的时间内从 14 家店扩张到 32 家店，而且开店必赚。

还有近期辅导的一家火锅店，就在现在经济环境如此严峻的情况下，逆流而上，在别人都在关店、撤店的时候，他们反其道而行之，不断增开新店，并做到了开一家盈利一家。这些企业就因为通过我们的模式，店长都是自己培养出来的符合企业发展需求的销冠式店长，有了改善型团队的支撑就保障了企业持续的规模裂变。

（三）打造改善型管理团队的具体操作步骤

第一步，给标准。

标准有两个：第一个标准就是周工作计划总结表；第二个标准就是汇报的标准。也就是不仅可以按照标准和要求科学准确地填写周工作计划总结表，还要在汇报的时候有一套科学的汇报方法，这套科学的汇报方法共分为 9 个步骤，要求管理者必须按这 9 个步骤来进行汇报。

第 1 步标准话术：“我们部门上周遇到了一个问题……”

描述问题只描述结果就可以了，领导不问不用描述过程，很多店长汇报的时候生怕领导不清楚，长篇大论，效率很低，坚决杜绝。

第 2 步标准话术：“经过分析，我认为原因是……”

这一步是管理者分析第一步中结果出现的原因。

第 3 步标准话术：“我认为有几个方案可以解决这个问题，都是……”

这是提出解决的方案。

第 4 步标准话术：“这几个解决方案，其中方案一的优势是……问题是……”

这是在分析自己提出的方案。

第 5 步标准话术：“基于以上分析，我建议使用哪个方案……”

这是在说明自己的想法。

第 6 步标准话术：“我选择这个方案的原因是……”

第 7 步标准话术：“在这个过程需要某个部门配合……”

这是在分析所需要的支持。

第 8 步标准话术：“我们已与该部门领导沟通，他的意见是……”

这是提前做了沟通，其他部门的想法也一并汇报了，不用再去沟通细节，只需确认就好了。

第 9 步标准话术：“请领导指示！”

这时候领导是不是有很清晰的选择方案了，只要做出选择就行了。

只要管理者按照这 9 个步骤去汇报问题，就无形中形成了一个对改善的深入思考，整个汇报的过程其实就是在引导管理者具备改善的意识。如果管理者没有按这个步骤去汇报，企业家就可以用提问的方式让管理者按照这个顺序去思考和汇报。

那么企业家该如何去提问呢？同样也是对应汇报顺序的提问方式，一般来讲第一步管理者自己就会提出问题，如果管理者提出问题之后就没了下文，他没有提出改善方案，那么企业家就要开始提问了。

第一，问他出现这个问题的原因是什么？他就得思考了，可能给出的分析并不一定是科学的，但这是一个良好的开端，你可能在这个过程中继续问还有其他原因吗？他会再思考。

第二，我们要问他，如果是分析的这个原因，有几个方案能解决这件事，管理者就又进入了更深层次的思考，去想解决方案了。

第三，问他这几个方案的优劣势是什么，引导他分析这几个方案，分析的过程就会有一些判断。

第四，继续问他会选哪一个方案，为什么？让他做决定，而且要有选择的理由。

第五，接着问他是否需要其他部门的配合，让他懂得去协调资源。

第六，问他怎么分配时间，也就是计划了。

第七，要问他是否需要支持，表明作为老板一直在支持他，如果没问题去执行就好了。

这样我们就可以看到整个过程是管理者提出的解决方案，执行的人也是管理者，所以他自然就承担起解决问题的责任，并且会有成就感，因为他想出来的办法解决了问题。当然有可能他思考的方案并不对，没关系，想多了总能想明白，只要他有改善的意识就好，至于能力还要继续培养。

第二步，给能力。

前面已经有了标准，那么现在就开始赋予能力。赋予能力也分两个步骤：一是前期的教，二是会议上的教练。

第一个步骤就是前期的教，就是有了标准之后，不要忘了要做成傻瓜化、工具化的教材，然后在员工成为店长之前，我们把这个课程放进店长训练营里面，作为店长训练营中的一部分内容来教员工如何做、教他们业绩改善的逻辑，通过业绩影响因素分析并找到改善业绩的根本点，再通过数据分析去界定问题，然后制定改善方案，也就是通过这种前期的教让员工在成为店长之前解决了认知的问题。

第二个步骤就是在会议上进行现场教练，前期我们已经让管理者或者储备管理者对数字化业绩改善会有了一定的认知，通过店长训练营教会他们数字化业绩改善会的方法，那么在会议上进行现场教练的过程则是提升管理者改善能力的关键。

为了帮助企业家提升教练能力，我给大家一个教练对话的工具。之所以要用教练的方法，一方面如果直接说他的问题，他没有思考过，没有思考就没有成长；另一方面老板直接指出管理者的问题就相当于是对管理者的批评，批评不容易让人接受，容易产生抗拒，而教练则是通过提问的方式引导管理者主动思考并找到答案，既避免了尴尬和对抗，又能让管理者主动承诺改善计划和结果。

所以会议教练是一个提问引导的过程。我们首先要帮助管理者清晰地界定问题，然后通过科学的分析找到问题的根源，确定目标和策略，最后强化执行意愿，确认结果。这个过程一共分为 10 个步骤。

第一，我们的目标是什么？因为每周都有清晰的目标，所以这个提问是对事实的提问，说事实有一个好处就是客观存在的，没有办法反驳，因为没有说这个管理者有问题，不会造成对抗。

第二，实际的数据结果是什么？这也是在问事实。

第三，中间的差距是多少？现实和目标之间的差距就是问题，通过这三步就能清晰界定问题。

第四，造成这个差距的外部因素有哪些？影响有多大？因为我们都知道造成问题存在一定有外部因素，也有内部因素，所以客观看待比逃避要好得多。很多企业家为了引导管理者找自身原因直接忽视外部因素，管理者虽然不敢说，但是心里不服气，所以我们把它拿出来分析。

第五，造成这个差距的内部因素有哪些？会造成多大影响？既然有外部因素也有内部因素，都要去分析，企业家要深入引导管理者把内部因素分析清楚，找到内部根源问题，避免管理者逃避责任。

第六，为什么内部会有这些问题？通过分析内部问题的根本原因，找到管理者的具体问题。这个问题就是改善点，是业绩提升的机会，通过这几个步骤就能找到问题根源。

第七，基于现有问题和原因，你希望能改善到什么程度？这是界定改善的目标，前面既清楚了问题，又明确了原因，所以目标就可以制定出来了。

第八，接下来想怎么做？是在让管理者去思考，要怎么将这个问题落实为具体的策略。通过这两个步骤明确了目标和改善策略，为了落实制定的目标和策略。

第九，具体分几步，每步什么时间完成？这是在制定具体的执行计划。

第十，执行这个计划需要什么支持？永远让管理者感受到企业对他的支持。同时管理者也清楚，在企业给予足够支持的状况下，如果完不成计划就是自己的责任。

这样我们就通过这10个问题让管理者去养成主动思考的习惯，为了有效使用这个工具，企业家要在会前开始准备，在会前看到管理者的周计划表，在审批周计划表的过程中我们能发现管理者在改善上的不足，就要设计教练的方法。提前设计教练方法是因为临场反应对人的要求太高，我们很难做到，就像一个运动员在比赛中的好结果不是比赛那一刻决定的，而是赛前的准备决定的，提前准备可以让现场可控。

比如前面说的银杏叶片的销售问题的案例，我们可以提前准备这样的数据分析。如表7－1所示。

表7－1　数据分析

门店	心脑血管药		儿童药		消化系统药	
	销售额	银杏叶片销量				
一号店	26568.00元	2盒				
二号店	19736.00元	28盒				
三号店	22169.00元	31盒				
……						

这张表单就用数据告诉我们一号店店长在撒谎，其他店面的销量显著好于他的店面，所以他把责任推给大环境完全就是为自己找借口。这样我们就可以通过提前准备来发现问题并找到原因来进行改善。会议的决策人在会前就准备好核心的教练对话，帮助管理者认清问题，不再找借口！

会上我们在引导管理者的过程中不要急于求成，告诉管理者答案永远比引导他要容易。如果是企业家提出的解决方案，责任也在他身上，所以我们要培养管理者，让他主动思考、承担责任。

第三步：给动力。

给管理者动力，让他有意愿主动地改善，即企业要给他一定的激励，关于如何做好激励，我们将在下一章详细讲解。

第四步：给推力。

在给一定的激励让他有意愿主动做之后，还要给他外部的推力，也就是要对他们进行监督管控。在每周开会的时候要查核完成情况，管控他的执行是否到位。这就要从两个方向进行查核管控，一个是对结果的查核，另一个是对执行过程的管控，也就是不仅要结果，还要在过程中盯住管理者是否按照标准执行到位。通过这种双管齐下的方式来推动管理者在改善提升的道路上坚定地前行。

第二节　改善执行力建设

数字化业绩改善会的改善策略是科学的，管理团队是改善型管理团队，企业还需要管控改善型管理团队贯彻落实改善策略。这就涉及企业管理的另一个核心难题：执行力！

（一）执行力不佳不能怪员工

大多数民营企业原有的执行力是非常差的，不可能依靠企业原有的执行力落实数字化业绩改善会的改善策略。恰恰相反，绝大多数企业都要靠数字化业绩改善会形成的管理闭环打造企业执行力。在解析基于数字化业绩改善会议打造执行力之前，首先跟大家分享一下执行力的基本状况和实现原理。

很多企业家一提到执行力就跟我抱怨，最多的是很多决策给员工安排下去之后就如同泥牛入海，再也没了动静，自己不去问员工就不会过来主动反馈。大多数时候都是过了一段时间才突然想起来还有这件事，连忙追着员工去问结果，结果员工说：“哎呀，当时出现了各种困难和意外，所以导致这件事没有执行下去。”员工不但不执行，反而借口很多，所以企业家心里很窝火。

由于安排的工作没有执行下去，企业家的决策就变成了空谈。大多数企业家的决策都是对于企业现状的改善策略。企业家的决策没有执行，基本就意味着企业不会做改善性工作，企业就一直原地踏步。

企业管理就犹如逆水行舟，不进则退。当一家企业在原地不动的时候，其实就是在给竞争对手超越的机会。自己不进步相当于对手进步了。所以，企业执行力不佳就等于企业所有好的改善策略及未来的战略发展方向都成了泡影，企业也就停滞不前了，进而导致竞争力越来越弱，业绩也可能一蹶不振。这就需要我们去强化并提升企业的执行力，让企业能够真正强有力地提升执行力。

企业现在的执行力不佳，**根本原因在于企业家把执行力的责任甩给了员工。**

很多企业家认为员工就应该自动自发地主动执行，于是给员工买了很多关于提高执行力的书，《××执行力》《把信送给加西亚》《没有任何借口》等，又或者在朋友圈里转发《好员工应该××》，这些老板过于相信员工的主动性，希望员工都能有内在驱动力，目标明确，都能自动自发地工作，企业中有几个这样具备主动性、能动性的人呢？就算有这样的员工，他们最后都在什么位置上？要么自己做了老板，要么是企业的高管。

员工不可能积极主动地提升执行力，所以企业不能依赖员工的执行力。企业家把执行的责任交给了员工，实际上就是推脱自己的管理责任，这是企业家必须从根本上改变的思维。

要掌握执行力的主动权，企业就需要建设自己的一套科学的执行管控系统。员工在其他企业执行怎么样无所谓，只要进入本企业，每个员工在科学的执行管控系统下，都要具备强悍的执行力。这也是大部分强大企业强大的核心原因之一。

根据整体管理的需要，企业的执行管控系统要从两个方面来入手：**一是流程执行力，二是改善执行力。**

前面提到，企业的执行过程分为两大类：一类是企业已经有标准了，就要看员工是不是能够按标准去执行落实到位，这就是流程执行力；另一类就是企业还没有标准，需要先建设和完善一个系统化的标准，这时就要看在完善这个系统的过程中是不是能够执行到位，这就称之为改善执行力。

流程执行力和改善执行力相结合就形成了一个循环：首先是执行标准，这就涉及标准执行力，然后在执行的过程产生的结果中发现问题，针对问题进行总结分析并形成改善策略。也就是需要进行改善，优化标准，这个优化标准的过程就是改善执行力的体现过程，这样就形成一个管理闭环。如图 7 –1 所示。

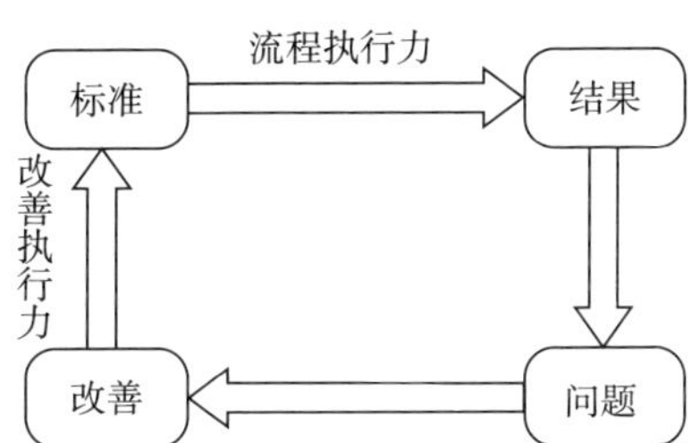

图 7 –1　流程执行力和改善执行力管理闭环

这个管理闭环是一个不断改善优化的循环过程，有标准然后有标准的执行力，执行后就会出现一个结果，根据这个结果可以分析问题，然后做出改善决策，在改善的过程中就是改善的执行力，然后再继续优化，其实是一个 PDCA 的循环。当企业真正打造出这种标准执行力和改善执行力的时候，也就实现了一百分的标准，100% 的执行到位。

（二）基于数字化业绩改善会的执行管控系统

上述执行管理闭环可以在数字化业绩改善会上得到完美的落地。会上的改善策略是基于数据做出来的，数据实际上就是标准执行的结果，所以在总结上周工作的时候，就是在管控上周流程标准执行到位情况的时候；改善策略制定后查核落实执行的过程，就是管控改善执行到位情况的时候。那么，数字化业绩改善会到底是如何打造流程执行力和改善执行力的呢？

1. 标准执行力

标准执行力的应用主要是通过既定标准，然后由此设定出相应的指标来查核标准执行的结果。那么标准就相当于计划，跟进数据结果就是查核的过程。所以，在周工作计划总结表里面的那些数据就是标准执行力的执行结果，这样在每周进行数据查核的时候，实际上就是在查核标准执行力是否执行到位。由此，员工就清楚地知道自己工作的执行到位状况，领导会第一时间掌握。员工的流程决策执行过程不再是泥牛入海、杳无音信，而是有了执行结果跟进反馈。

由于在指标科学的情况下，流程执行力的管控非常简单，因此本书重点关注改善执行力的打造。

2. 打造改善执行力，需要科学的决策加上科学的查核方法

（1）科学的改善决策是改善执行力的前提

科学的改善决策从两个方面进行思考：决策内容的科学性和决策规范的科学性。

首先，决策内容的科学性就是会上制定的改善决策要真的能解决现有问题。

前面提供了一套基于数据分析的改善决策制定流程：通过数据分析去清晰地界定问题，于是就有了科学改善决策的基础，店长或其他管理者在数字化业绩改善会前做总结与改善计划，在会上经过领导审批之后再做出调整，整个会议过程领导通过教练的方式保证改善决策的科学性。

其次，规范的科学性是指决策要素的完整性。

很多时候，企业家在会上的决议比较随意，只有事项，没有具体的完成时间和责任人，就无法进行有效地查核，进而保证执行的结果。所以，很多企业的改善执行力不强，首先是因为企业家制定的改善决策不够规范。

为了帮助企业家在会上制定规范的改善决议，会议主持人和记录人共同配合使用会议决议追踪表来完善会议决议。会议决议有三大基本要素：负责人、时间和结果的衡量标准；在实际制定决策时，需要考虑的要素还有很多。如表7－2所示。

表7－2　周会决议追踪表

会议时间：　　　　　　　　　　　　　　会议地点：

序号	决议内容	要求完成时间	负责人	输出成果	完成情况描述（方法、结果）	完成时间	确认人	备注
1								
2								
3								

决策事项要清晰明确，并且事项要和决议的内容相匹配，最重要的是一定要有完成时间。表中的完成时间有两个：一个是要求的完成时间，另一个是实际的完成时间，这样就可以看到负责人对此项决议内容执行的是否及时。

决议表里面的输出成果就是完成结果的衡量标准，要达到什么样的标准或者结果。

需要特别注意的是会议决议跟踪结果一定要有确认人来确认，这个确认人并不是由会议主持人去问一下负责人该项决议的完成情况然后签字确认。因为主持人并不能判断该项决议完成得质量如何，所以要由执行该项决议的负责人的直属上级或者与该项决议内容有业务关联的下一个流程节点的负责人确认，所以这个确认人是验收该项工作是否保质保量完成的关键确认点。

也就是说，该项决议内容由负责人去执行完成，由他的直属上级来确定这项工作是否已经如期达成。如果这项工作是在某个流程节点中，若不能按时完成并达到标准，那么这个流程再往下的节点就无法继续实施，所以这个确认人还可以是下一个流程节点的负责人，由他来确认该项决议内容的工作是否已经在规定时间前完成并符合标准。

会议主持人在主持会议的同时，时刻关注企业家的决策制定状况。当企业家在会上制定决策的要素不全面时，主持人需要提示企业家补充缺少要素的决策。比如会上决定下周要制定本月促销方案，但没有确定谁来制定、什么时间必须完成，主持人要打断会议进程，提示企业家确定责任人和完成时间。

会议记录人也要时刻关注会上决策制定状况。如果会上制定的改善决策不够完整，则记录人无法完成追踪表的填写。在每次制定会议决议的时候，主持人都要关注记录人是否及时记录，如果记录人没有记录或无法记录则由主持人打断会议进程，进行详细记录。

（2）还要有监督查核

即便制定了科学的改善决策，也不能保证计划就能 100% 执行，还要有监督查核，也就是要有科学的查核方法。通过监督查核这个步骤就可以把落实计划的工作做到可控。

现实中，很多企业家不愿意去查核，还拿出自己的一套理论："用人不疑，疑人不用。"我们必须端正对于查核的理解，查核不是企业家对管理者的不信任，而是为了达成目标所做的强有力的保障措施。

管理者在改善的过程中一定会遇到很多阻力，所以很多管理者会选择逃避执行。通过查核可以强化管理者的执行意愿，让管理者承担起改善的责任。

同时，查核也是对管理者的支持，企业的查核人人能看到，员工看到企业查核管理者的工作就会产生同理心，员工就会想："不是我的领导要求我，而是公司要求的。"员工就不会把个人的情绪带到和上级的关系中，而且也会感觉到压力，虽然不和老板直接接触，但老板会看到自己的表现。企业的查核工作相当于给了管理者一个工具，所以必须正确理解查核的价值才能真正发挥查核的作用。

有一部分企业家开会以后做了查核，结果也很头痛。经常有一些企业家说："老师，我们有查核，每周开会前都会看看大家完成没有，结果他们总是完不成。法不责众，我们该怎么办呀？”

查核不能只是在会上做一些询问就草草了事，查核是为了保障执行过程的可控性，查核的核心在于过程查核，而不仅是结果查核。

仅进行结果查核特别容易让管理者误会企业，认为企业就是找管理者的毛病去惩罚管理者。一些管理者会认为企业查核就是不信任自己，就是很多企业查核的时机不对。如果店长在周会上进行查核，无论执行得怎么样都已成定局，剩下能做的就只有处罚了，店长们当然不满意，因为结果已成定局不可能再有变化。这时来查核就是对自己的不信任，就是为了处罚自己。所以，查核一定是科学的，被查核人在查核过程中是心服口服的。

（3）要进行科学的跟进查核

怎么做才是科学的跟进查核呢？查核是在会议结束时就已经开始了，共分为四个步骤。

第一步，决议和计划公示。通过把决议和计划进行公示，让所有的管理者清楚本周的工作内容，这是把所有改善工作透明化的过程。也就是我知道别人的工作内容，别人也知道我的工作内容。如果完不成工作，是不称职的事，有损管理者的个人形象，所以为了自己的尊严，管理者也会认真对待决议和计划并尽可能保质保量地完成。

第二步，到期前提醒。如果该管理者第二天的计划中有改善工作要做，那么查核部门就可以在前一天下班前进行沟通，提醒该管理者第二天的改善内容及要达成的工作目标等，并且询问执行是否有困难、是否需要协调资源予以支持，这个时候会发现查核已经不是冷冰冰的审查，而是管理者最大的支持者，也是管理者愿意接受的。这样做还有一个好处，如果发现管理者不具备执行的条件可以帮助他协调资源或者做其他调整，而不是等到未完成或者执行不好的结果出现了再去介入，此时任谁都无法改变，还错失了好时机。

第三步，到期追踪。事情应该在今天完成，那么在今天下班前再去了解，看看事情是否按时按质完成。如果没有完成，马上查找原因，做整改或采取补救措施，这个时候在时间上略加调整计划的目标还是可能达成的，这时就需要查核部门调动资源支持管理者来达成目标。

我在辅导一个口腔门诊的项目时，一位主任在做总结计划时发现一个组员在种植牙的项目上有缺失，给这位医生做的改善目标是让他能够推动一定数量的种植牙，改善的步骤是先梳理这位医生的心态和思维，再训练他的能力。然而这位主任本来应该那一天和这名医生先进行沟通以便有一定的认知，结果这位主任没有这样做，查核部门到期进行追踪时获得了这个信息，于是就和主任沟通此项工作没有进行的原因。主任解释说自己上午偶然听到这名医生与其他同事聊天，这位医生说自己不会操作这个项目，如果有患者要做这个项目，他就得把患者推荐给其他医生来操作，业绩同样也要分给帮忙操作的医生，自己既耽误了时间又损失了一部分业绩，所以种牙这个项目其他医生愿意给患者推荐就推荐，反正自己是不会推荐的。鉴于这种情况，这位主任自认为没有把握能和这名医生沟通好，所以就选择逃避，没有执行该项工作。

于是，我们的查核人员就协调我来和主任进行沟通辅导，看看能不能给他一些帮助。我带着主任把整个沟通过程提前做了设计，并且模拟沟通了几遍，第二天他去和医生沟通，帮助医生分析了从患者的治疗效果到个人的收益如何最大化，医生很认可，并且接受了主任的建议。虽然这比计划时间延期了一天，但是达成了预期目标，接下来就可以教医生如何推动这项服务了。

这就是到期追踪进行查核的作用，可以在追踪过程中及时发现问题并对过程进行管控，最终达到改善执行的目的。

第四步，查核结果公示。一个查核周期结束后，将查核结果进行公示，当所有人都知道计划完成状况是要在全公司通报的，就会主动完成工作，这就有利于计划的达成。如果完不成计划要进行适当的处罚，不过需要注意的是处罚并不是打造执行力的核心，处罚只是一种告诫或者警示，让管理者能够有所触动，使他能够在后面的执行过程中端正态度，更加认真地工作。

这样，我们通过科学的改善决策有了执行的基础，然后又培养管理者做改善，让他们能抓住执行的核心点，最后在执行的过程中进行全程查核，使整个企业的执行力通过会议变得可控、变得高效，打造执行力的核心就在于计划、查核、控制，而不是依靠员工的主动性来获得的。由此，有目标、有查核，整个业绩改善策略能真正落实到位，也就能实现业绩的不断改善。

我们在众多企业的实际应用中有两个阶段出现业绩改善的显著效果，第一阶段就是在数字化业绩改善会落地之后可以马上见到有业绩改善。

大家可能会有疑问："刚落地个会议，还没开始改善，怎么能有效果呢?"这是因为企业里原本就有流程、有标准（即便是这个流程标准不科学），可是很多员工执行力不够，所以也一直没有按照企业的流程标准去执行。也就是说，流程不科学，执行也不到位。但是当我们开数字化业绩改善会进行了相应的数据分析和管控后，企业的全体员工发现企业在查核数据，就会紧张，自己就会先实现一个流程执行力的改善。

于是，原来没做的事现在都做了；原来没紧张，现在开始紧张了；原来不用心的，现在开始用心了，所以就都出业绩了。

当然，这一阶段的业绩改善通常在 5% 左右，能达到 10% 很不错了，因为这一次的业绩改善完全是依靠企业原有流程标准的科学性，以及员工自身的主动性和执行力来达成的。

第二段阶段出现业绩改善则是非常显著的，通常这个阶段的业绩改善可以达到原有业绩的倍数增长，在系统都已经建立并完善，销冠的培养已经进入习惯固化阶段，大家马上发现业绩又提升了。这是因为我们通过有效的执行管控手段实现了改善落地，所以就有大批量员工出了业绩。

这个规律是我们在所有服务过的企业中都能看到的，并且成了验证数字化业绩改善会执行是否到位的一个验证方式。

打造流程执行力和改善执行力，最终能够实现企业整体执行力的提升，从而实现企业经营决策及标准的执行落地，通过这个数字化业绩改善的会议系统有了科学的决策及极强的执行力，势必会获得极大的业绩改善及卓越的业绩。

第八章

动力系统：长短结合的激励模式

激励是民营企业家们最重视的一件事，但做得不成功。民营企业家在激励的过程中过于关注薪酬激励，导致大部分企业的员工功利、短见，根本不会和企业站在同一战线上。

企业和员工只有在长远利益方面是相同的。因此，越能让员工关注长远越能让员工和企业一条心。动力系统就是要让员工基于长远利益的考虑，愿意顶着压力努力执行销冠思维标准。如图 8－1 所示。

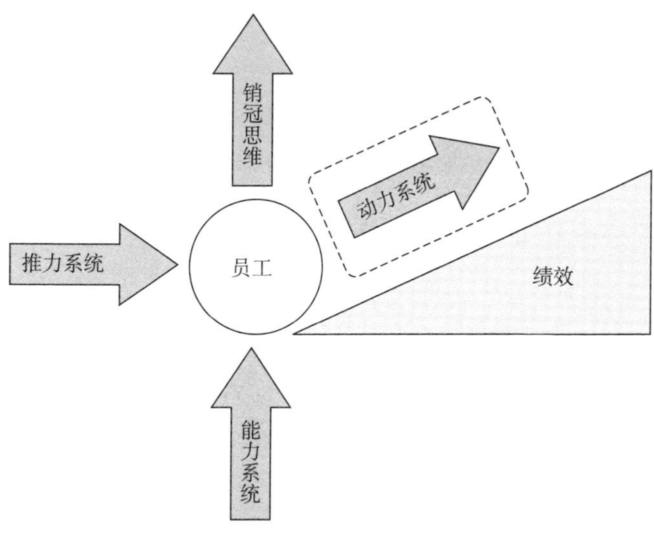

图 8－1　动力系统

薪酬激励是保健因素，只能保证员工不会不舒服，但不能保证员工主动以公司利益为核心进行思考。基于职业发展的长期激励才能给员工带来创造持续高业绩的不竭动力。

第一节　长短结合的激励模式

（一）只有物质激励的效果不理想

前面已经讲过要想让员工有意愿去改善、提高业绩，就要给他一定的动力，也就是我们要给他做激励。但是很多企业在做激励的时候都会有这样一种现象，老板觉得为了激励员工已经付出了很多，但是员工做出的业绩并不理想，而且员工还变得特别能算计，多干点工作就要找老板要钱，不然就觉得自己亏了。

我就曾经遇到过一个让自己很触动的案例。当时我们在一家企业做暗访，暗访结束之后给老板看到那些员工的真实表现，老板非常吃惊。这位老板是一位五十多岁的男士，当时就哭着说："我为了让他们能好好工作，在薪酬上给了他们很多，现在的经营压力这么大，他们不出业绩，给我造成了巨大的损失。现在我才知道他们根本就不干活，我对他们这么好，他们居然这么对我……"这位老板非常苦恼和无奈。

或许很多企业家都会有这种感受，就是员工干点活就要一份钱，当然这种事情在上面这家企业里尤为明显。这也是我们想强调的，企业家给员工们付出了薪酬，但员工没有真正把企业当成家，对企业没有任何感情，认为这就是个赚钱的地方，这样的激励就失去了原本的初衷，完全达不到激励的目的。

更严重的是，员工在企业里只考虑自己的利益，根本不会为企业考虑存在的危机及未来的发展，更不存在对企业的忠诚度与企业共同发展的拼搏心态，一旦企业面临生死存亡的危机，需要大家忍受暂时的利益损失共渡难关的时候，员工们就会纷纷离开企业另谋高就。

实际上，从理想的角度来说，激励最理想的目标是让员工为了企业适当地受点委屈。当然让员工接受太大的委屈是不现实的，但如果员工一点委屈都不能接受，丝毫不能为企业付出，一定要做一点事就拿一点钱，那这个企业里的所有人都是唯利是图的，没有人关心企业的命运，企业怎么可能会好？

所以，**真正做好的激励一定是员工为了企业的利益能够受点委屈，损失一点个人短期利益，这是企业通过激励完全可以实现的。**

现实中，员工一点委屈都不能受，处处和企业计较个人利益得失，就是因为企业在激励的过程中只给员工奖钱，员工就只跟企业讲钱了。

大家扪心自问，企业家除了给员工钱之外还给了员工什么？如果没有给员工其他形式的激励，员工除了想要得到钱之外还能得到什么呢？他凭什么要去给你免费付出？这才是问题的根源。

很多企业进行激励模式设计的时候出现的核心问题，就是完全以钱为主导进行相应的激励，而没有其他的激励形式。如果企业想建设实用有效的激励模式，自己的钱不再打水漂，就一定要考虑长短结合的激励系统。

我们可以想象这样一个员工，他现在面临着工作上巨大的压力，为了工作、为了业绩前期付出了很多，但是这些付出并不能使他今天就可以直接赚到钱，甚至他有些事做得很好，但是公司没有认可他，他感觉到很委屈。此时，他是完全有理由去找公司讲条件、提要求的。可事实恰恰相反，很多优秀的员工都是默默承受着，不会去找领导说自己多么委屈。他不去找的原因很简单，是因为他还能看到在这里有职业发展空间，在这个企业还有很多希望，这就是激励最好的一个状态。

（二）什么是长短结合的激励模式

什么才是长短结合的激励模式呢？我们总结出这样的分类：短期的激励：票子、面子；长期的激励：位子。

从字面的意思上很容易理解，票子就是钱，企业给员工的薪酬；面子就是领导力，在企业中获得的尊重；位子则是员工在企业未来的职业发展。

之所以这种有效的长短结合的激励模式是用票子、面子、位子来解决，原理就是马斯洛的需求层次理论，他把人的需求像阶梯一样从低到高按层次分为五种，分别是生理需求、安全需求、社交需求、尊重需求和自我实现需求。如图 8 -2 所示。

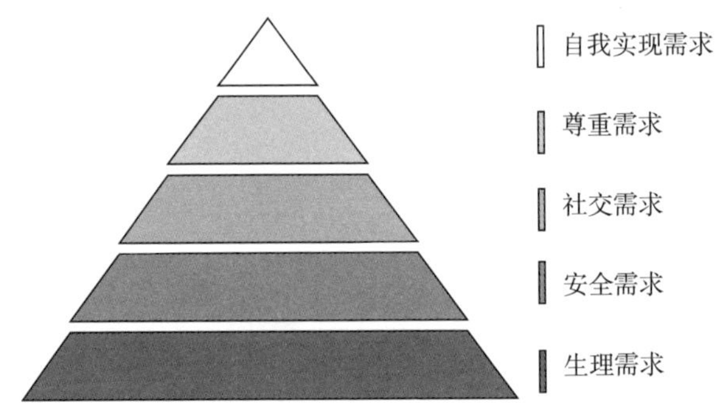

图 8 -2　马斯洛的需求层次理论

- 马斯洛的五层需求是每一个人都需要的，通常是从低到高，当下一层的需求得到满足后，更高一层需求就会出现。
- 在很多需求没有得到满足前，需要首先满足最迫切的需求，当最迫切的需求满足以后，后面的需求才能显示出激励作用。
- 追求更高一层次的需求是激发人的行为的推动力，相应的，已经获得满足的需求将不再具有激励作用。

也就是说，人最先需要满足的是生理和安全的需求，只有吃饱穿暖了，生活环境安全舒适，人们才能有欲望、有动力想要得到更高的需求。

所以，短期激励首先就是要先给员工票子，满足员工的生活需要；员工的生活有了保障，此时员工就会有面子的需求。这时就要给他们面子，让他们在企业里有良好的人际关系、受人尊重，当员工满足了票子和面子，就会产生更高层次的自我实现需求，也就是位子。企业要给员工一个什么样的职业发展平台，让员工在企业中更好地实现自我的价值，这就是使员工不断进步的驱动力。

实际上，很多企业在做激励的时候更多的是给票子，然后附带一点给面子。事实上，他并没有位子可以给员工，那么当员工已经满足了票子、面子的需求，就产生了位子的需求，而企业却没有位子可以给员工的时候，企业的激励也就失去了作用，前面所做的努力就付诸东流了。因此，我们要做的是短期的票子加面子再加上长期的位子的“三子”激励，三者缺一不可。

有了“三子”激励，当员工已经满足了基本的生活需求后，当他为了更高的需求层次而努力的时候，即便是他做了并没有得到票子，但是他知道未来可能会得到位子，所以在他追求位子的时候就会接受暂时受一些委屈，适当地牺牲一些个人短期利益。

那么，位子到底是什么呢？它对员工有什么价值？为什么能让员工愿意受委屈？答案很简单，**位子就是更大的赚取票子和面子的能力、机会和条件**。更直白地说，当你有了更高的位子，是不是就可以赚更多的钱？你有了更高的位子，是不是就能有更多的人尊重你、认可你，你的面子就更大了？

我的一个朋友原来在一家上市公司工作，他们采用的就是这种长短结合的“三子”激励方式。公司在快速扩张阶段不断加强储备管理人才的培养，虽然当时的工作负荷非常大，特别是新组建分公司最忙的时候，公司全员连续一个月没有休息，每天都要工作到晚上十点左右，有时甚至是凌晨两三点钟，而当时公司的薪酬水平在业内也只属于中等偏上水平。但是大家依然干劲十足，没有人去计较个人得失，人人都是全力以赴地工作。

究其原因，大家都能看到公司的未来发展及个人的职业发展，每个人都能看到自己身边的同事，从大学刚毕业进入公司，短短半年的时间就可以升为主管、一年半升为经理，更有各方面素质条件不错的同事，3 年的时间就可以作为分公司总经理储备。当公司新开设分公司时，他就有机会成为分公司总经理。如果在总部做到经理级别以上，分公司做到副总以上级别，在薪酬上不仅有质的变化，还有可能获得公司奖励的股权，这就是大家在这里这么努力的原因，因为每个人都可以清楚地看到自己将来的位子，以及获得更多票子和更大面子的机会。所以，前期大家面对超负荷的工作、自己的付出和薪酬并不匹配的时候也毫无怨言，仍然竞相努力。

（三）长短结合的激励模式操作要点

1. 短期的激励：票子

在进行短期激励的初期，票子是先行者，所以企业家一定要意识到企业所需要的人才是有这种导向的，就是你用什么样的回报，就能吸引来什么样的人才。也就是说，你所付出的薪酬水平和吸引来的人才的能力水平是相对应的，这也就决定了企业里面人才水平的高低，这是企业必须要深刻理解的原理。我会在本章第二节为大家深入讲解票子的问题。企业的薪酬激励应该如何做才是科学合理的，这里就不做具体展开了。

2. 短期的激励：面子

需要注意的是，很多企业的企业文化存在管理者的领导力不足的问题，很多管理者在进行管理的时候根本就没有站在领导应有的角度上帮助员工分析问题、解决问题，没有真正把员工的利益当回事儿，更没有足够地尊重员工，这就导致企业的团队很不稳定。有一个权威专家的数据统计结果显示，60% 的员工的离职原因是因为他的直属上级。这个问题可以说是要值得重视的，其直属上级最大的问题是领导力不足、沟通不充分，让员工觉得没有得到足够的尊重、心里委屈。

实际上，面子的问题也是主导企业激励的核心的问题，解决这个问题的方法也很简单，只需要我们给一线管理者一个领导力的培养方法，让一线管理者能够充分利用各种工具去激励员工、帮助员工成长。

3. 长期的激励：位子

给员工位子实际上是给员工成长的空间，让他在企业里能够有所发展，前提就是培养他，帮他提升个人能力。就像销冠孵化器，我们要把普通员工培养成为销冠，赋予他能够成为销冠的能力，让他的业绩大幅增加，实际上我们给到员工的核心点是思维，让他学会了销冠是怎么琢磨客户的。

那么从员工变成领导者，我们只需要再给他一个思维，就是数字化业绩改善的思维，让他能琢磨明白如何改善业绩。当经历这个过程的时候，其实员工的能力已经增强了，自然就会有机会得到相应的位子，这个位子就代表着企业的成长和裂变。

给员工职业发展机会，其实就是让员工提升能力，让他成为管理者，员工成为管理者的目的就是为了让企业能够出现裂变。通过组织架构图就可以清楚地看到其中的关系。如图 8－3 所示。

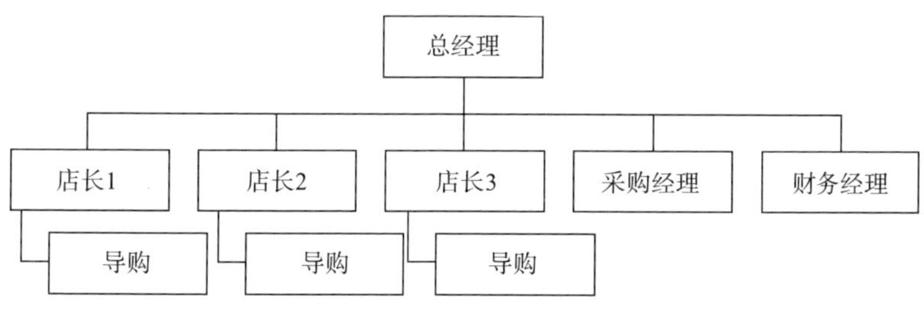

图 8－3　某企业组织架构图

假设一个企业只有 3 个店面，也就是只有 3 个店长，那么当导购都具备了成为销冠的能力，这 3 个店面的业绩突飞猛进，现有店面规模已经不能满足企业发展的需要，企业肯定要扩大规模、增开店面，就可以从 3 个店扩张到 6 个店，此时就要有 3 名导购升级成为店长，企业也就从有 3 名店长到有 6 名店长，业务量相当于增加了一倍。但是，老板的精力也是有限的，业务和人员都管理不过来，就设置销售经理的岗位来分担，这样就会有一名店长晋升成为销售经理。

企业经过这样的裂变过程之后就会发现，企业内很多员工都有希望升职。当员工有希望升职就意味着企业整体的人力资源状态是流动的，大家就有积极性，企业也就成为一个学习成长型的团队。如图 8－4 所示。

我们可以看到企业给员工位子，其实是形成了企业和员工双赢的局面。企业通过培养员工实现了业绩的大幅增长，促进了企业发展，企业形成规模裂变，而员工又因为企业的不断裂变而有了更多的晋升机会，不断有更高的位子，促使员工不断地学习来提高个人能力，更加努力工作以获得更多的票子、面子和更高的位子，进而不断推动企业继续裂变发展，这样就形成了一个企业不断发展、裂变，员工持续学习提高的良性循环。

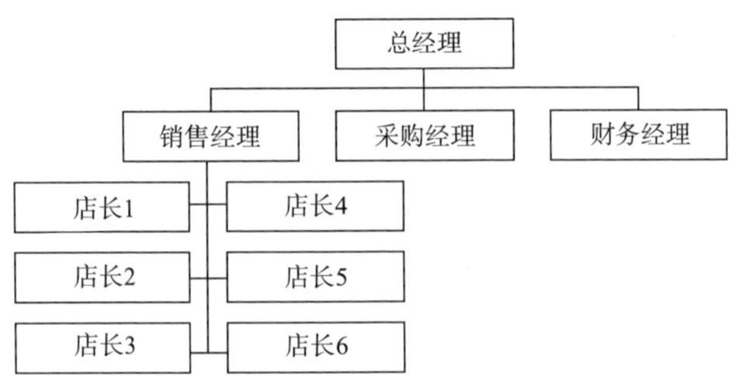

图8－4　企业给员工位子

这对企业要求是很高的，要求企业必须有一个裂变发展的战略，企业家必须有持续成长的思想等，关于这方面我将会在本章第三节给大家详细介绍。

第二节　合理的薪酬设计

（一）高绩效、高回报、高压力的核心原则

几乎所有的企业都存在这样的状况，老板觉得给员工的薪水已经非常多了。但是，当我们在企业内部进行调研的时候发现，员工反映的信息是老板根本就不舍得给与工作相匹配的薪水；还有的说老板就是在画大饼，实际上根本就不想给；甚至还有的员工说，给这么点钱就让自己做多于几倍的工作，付出和收获根本不成正比，就算真给了那张大饼自己也吃不下，饼太硬消化不了，不知道又要让自己干多少活。

归结到一点就是老板总觉得给得多，员工却觉得老板给得太少，这是几乎所有企业都存在的看似无法解开的矛盾，也是整个薪酬体系的核心问题所在。

这样往往会导致一个很严重的结果出现，就是当员工觉得老板不舍得给自己相应的薪酬的时候，他就会以负面的方式来面对这个问题，就会形成恶性循环：员工认为老板不想给他相应的薪水，他就不愿意给老板好好干，工作没有业绩，老板就更不愿意给钱了，因为老板觉得太不值，如此

往复，矛盾愈演愈烈。

从这个意义上说，**老板最应该怕的不是员工多拿钱，而是员工少拿钱**。比如这个岗位的人一个月应该拿6000元，但实际上员工只拿5000元，这就说明了这个员工没有达到这个岗位应该达到的绩效，但员工也很不满意，因为他只拿了5000元，他认为付出这么多应该拿6000元以上。于是，就出现了根源问题，老板对员工说“你干多少活，我给你多少钱”，员工的态度和观念就是“老板给我多少钱，我就干多少活，绝不多干，干多了也不兑现诺言，不如不干”。这样就需要有一方先付出，但是每一方都不愿意先迈出这一步。

这很容易形成一个互相不信任的雇佣关系，员工不信任老板，老板又处处防备着员工，这个团队就失控了。《孙子兵法》讲战争胜败的第一点就是“道”，就是令民与上同欲也。我认为这一点非常重要，老板一定要守住“道”。也就是说，让员工和领导者的欲望或者目标是一致的，这才是企业管理中想要达到的最理想的结果。

企业本身是没有钱的，都是靠在市场竞争中赚钱，所以我们在做薪酬激励设计的时候也是一样的，老板和员工的目标一致，就是**企业提供平台，大家一起努力从市场上赚钱，然后大家分，而不是企业家拿自己的钱去给员工分**，这就是最基本的导向。

既然要从市场赚钱给大家分，要把这个作为企业和员工高度认同和一致的目标。本书前面已经论证了企业需要给予员工标准、能力让他有信心、有条件去实现目标，又通过数字化业绩改善会管控，保证员工必须达成这一目标。在这一假设下，企业设计一个让员工共同努力实现这一目标的薪酬制度，就可以把员工的核心利益与企业的核心利益紧紧绑到一起，形成“上下同欲”的理想管理状态。

要打造员工实现目标的强烈愿望，设计薪酬时要遵守一个核心原则：三级目标、坎级奖励，我们又把它称为“三高薪酬”设计模式。

我们所定义的三级目标、坎级奖励就是企业每一个经营周期都会制定业绩目标，比如每一年会设定基础目标、计划目标、挑战目标这3个目标：

- 基础目标对于企业来说就属于略高于盈亏平衡。

- 计划目标就是本年度预计的理想目标，目标数值大于基础目标。
- 挑战目标则是本年度企业和员工共同努力尽可能创造的卓越业绩，目标数值大于计划目标。

基于这样的设定，完成基础目标企业和员工都赚得比较少，所以基础目标以下的部分提成比例就要相对较低；基础目标以上的部分到计划目标提成就高一些；完成计划目标到挑战目标的提成则更高。如果超过挑战目标就要让员工惊喜，这样员工就会为了这个提成的坎级差努力奔向更高的目标，这是做薪酬的核心原理。如表 8 -1 所示。

表 8 -1　三级目标

达成目标级别	基础目标	计划目标	挑战目标	挑战目标以上
提成比例设置	低	适中	高	极高

所以，“三高模式”就是高绩效、高回报、高压力。如果你想要得到高回报，那是由高绩效带来的，我们就要从市场抢钱。从市场抢来钱之后，就得给人家多分，要不然谁还愿意给这个企业抢钱呢？我们要用数字标准作为衡量的尺度，做到这个程度就给这些，做到那个程度就给那些。

在这种条件下才会使双方都达成共识，员工愿意为了你多给的那个坎级的级差而去努力拼搏，企业也因为员工多为企业创造了绩效，企业具备了分的能力和条件，有了更多的利润可以给员工分，这样就相当于消除了企业和员工之间的对立及相互不信任的关系，从而取得企业和员工双赢共赢的结果，这也是薪酬激励的一个基本原则。

（二）薪酬设计的落地三步骤

为了能够实现企业和员工双赢的结果，我们将薪酬设计的落地分为三步骤，通过这三个步骤将企业目标和员工目标合二为一。如图 8 -5 所示。

之所以要按照这个逻辑顺序操作，是因为很多企业在做薪酬设计的时候都有一个习惯，想要先定薪酬结构和衡量标准。实际上，如果直接定义

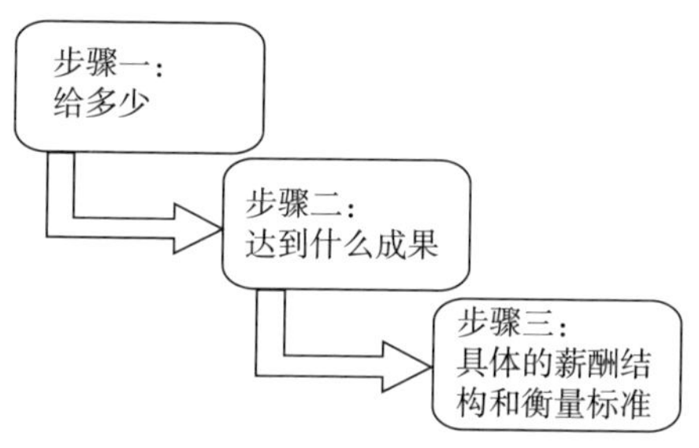

图 8－5　薪酬设计的落地三步骤

薪酬结构和核算标准，在做标准的时候就要去研究到底该给多少钱才是合理的，这样就变成了多个变量的核算方法，就算不明白了。当我们进行细化分析的时候，就会发现这三个步骤有着非常重要的内在价值。

首先，确定给多少就决定了你到底能招什么样的人。大家可能会不理解，为什么这个决定了能招什么样的人呢？因为人都会给自己定位，自己是个年薪 5 万元级别的，还是一个年薪 10 万元级别的，又或者是个年薪 20 万元级别的。比如你打出一个年薪 10 万元的招人薪酬标准，那么年薪 20 万元级别的人是不会来的，年薪 5 万元级别的人正常情况下也不会来。所以，市场上的习惯方式是打出一个年薪 10 万元的标准，很可能招到的是自认为达不到年薪 10 万元但是接近于年薪 10 万元的人。原因很简单，我本来值年薪 10 万元，当然希望挑战一下看看能不能拿到年薪 12 万元。在这种带动下就形成了人才市场上的一个现状，员工的薪酬每年都在上涨。这样就要定义一下，我们准备在这个岗位上招什么级别的人，再给出对应这个级别的薪酬标准，这样才会吸引想要的人才。

其次，要让他知道做到什么样才能拿到这些钱。把人才吸引过来，目的就是让他出成绩，所以在人才来的时候就一定要让他知道拿这些钱是有条件的，要让他知道需要做到什么程度、取得什么成果才能拿到这些钱。这样人来了之后，就会觉得给这些钱不亏，很值得。

最后，具体的薪酬结构和衡量标准。这时再去核算具体的薪酬结构和衡量标准的时候，你就会有把握：第一，能找到这样的人；第二，这些人来了之后，给这些钱是值得的。之后就用科学合理的标准来保障员工愿意在这里全力以赴地工作。

为了便于大家理解，接下来我就以某家企业为主导性案例，把三步骤的具体操作要点进行详细讲解，为了保密，案例中的数据均为虚拟数据。

1. 步骤一：确定给多少

如何确定到底给多少呢？这并不是完全从内部考虑，而是一定要有针对性的考虑。

第一个原则是外部公平。

就是要基于在人才市场上抢人的这一目的来考虑，要看在同级别能力和同级别工作难度的情况下，竞争对手给多少钱？我们要探讨的是和竞争对手相比，在行业里是要多给还是持平或少给呢？所以，要先定一个基本的薪酬策略。

- **进攻型的策略：**要与竞争对手抢人，那就要多给，同行业都是给年薪 10 万元，我就给年薪 12 万元，在这个级别的最优秀的人才就到我这里来了。
- **防守型策略：**大家都持平，这样就选了一个中等型的人才。
- **退出型策略：**我给年薪 8 万元，选了一个这个行业能力一般，但是能干活的人。

正常情况下，我们跟竞争对手竞争的时候，通常都会选择进攻型的策略，当然具体选择什么样的策略是根据企业所处的发展阶段及未来战略的发展方向来确定的。由于现在大部分民营企业都处在发展期，再加上大环境不好，有些企业已经处于衰退期，甚至是退出的阶段，可能就会选择退出型的薪酬策略。

一般情况下，建议大家以进攻型的策略为主导，因为进攻型的策略就是在市场抢人，这样可以抢到最优秀的人才，保证企业高绩效的实现。总不能只想实现高绩效结果选了市场上能力最差的人，那么高绩效又如何实现呢？

第二个原则是内部公平。

内部公平就是同一个企业内部在工作能力、工作难度和工作的时间强度都差不多的情况下，两个人的收入是不是相匹配的，不能出现闲的闲死、忙的忙死，结果收入都差不多，忙的那个人肯定觉得不公平。所以，在做薪酬设计的时候，既要考虑对外抢人的外部公平，又要考虑内部的平衡，特别是岗位比较多的情况下就会涉及公平性。

最典型的例子就是导购和店长的公平性问题，企业做薪酬设计时在考虑外部公平的前提下，在企业内部导购和店长薪酬的级差却很小。比如店长平均一个月赚6000元，导购平均一个月赚5000元，那么这个企业就会出现一个状况，没有人愿意做店长。因为店长很辛苦，承担很多责任，还要顶着巨大的压力，弄不好还要被领导批评，结果就比导购多赚1000元，也就比导购多赚他薪酬的20%，根本不值得。

所以，核算的基本标准就是管理者比员工所承担的责任和压力越大，就要把他们之间薪酬的级差拉得越大。比如导购和店长从内部公平作为升级的角度来说，这个基本的差值在50%左右，也就是说导购赚5000元，店长赚7500元。对于店长来说，多吃点苦、多付出一些，一个月多赚两千多元，是很值得的事，也愿意为此多付出。

第三个原则是自我公平。

就是比过去更努力，能赚到比之前更多的薪酬，这样在坎级奖励里就会有一个很好的保障，付出越多，结果越好，薪酬就越多。所以，自我公平主要是在设计薪酬结构和衡量标准时进行考虑。

表8－2就是我们曾经服务的企业给零售店面的导购和店长设计的基本工资的标准，大家可以看到导购的和店长的薪酬级差。

表8－2　基本工资标准

岗位等级＼岗位	导购	店长
一星	2000元	3500元
二星	2200元	4500元
三星	2400元	5500元
四星	2600元	6500元

2. 步骤二：达到什么成果

(1) 做年度目标

这一步就是要确定做到什么程度，一般习惯的方式就是做年度目标。有些企业做得比较细致，做完年度目标之后再做一个年度预算，每年的费用都是能估算出来的，所以按照损益表做出预算，就可以知道一年下来店面付出薪酬是多少、获得的纯利润是多少，二者进行对比就可以知道付出的薪酬和获取的纯利润是不是值得。当然，是否值得每一位企业家心里都会有一个衡量的标准。如表 8－3 所示。

表 8－3　损益表

编制单位：××公司	时间	2018. 01. 10
项目	行次	本年数
一、主营业务收入（亏损以“—”号表示）	1	¥5, 566, 565. 00
减：主营业务成本	2	¥67, 678. 00
主营税金及附加	4	¥67, 254. 00
二、经营利润（亏损以“—”号表示）	5	¥5, 431, 633. 00
减：管理费用	6	¥58, 542. 00
营业费用	3	¥95, 456. 00
财务费用	7	¥35, 670. 00
三、营业利润（亏损以“—”号表示）	8	¥5, 241, 965. 00
加：投资收益（损失以“—”号表示）	9	¥376, 786. 00
营业外收入	10	¥5, 345, 345. 00
减：营业外支出	11	¥68, 780. 00
四、利润总额（亏损以“—”号表示）	12	¥10, 895, 316. 00

通过损益表可以看到按照设定的目标扣除相应的费用后的利润总额是多少，就可以通过这个来衡量薪酬的设定是否适合。

也可以从投资回报率的角度来衡量，每个行业的情况不同，投资回报率一般在 20% ~30%，如果能够长期稳定在 30% 左右就能让人满意。这些方法最终都是要核算一下老板给员工花了多少钱、老板赚了多少钱、老板觉得赚这些钱值不值，如果觉得不值，这个薪酬设计就不成立了。事实上，由于涉及内外部公平的问题，定给多少是很难改变的，我们可以做的就是能做到什么程度，再在通过投资回报率让企业家做个衡量看看是否平衡。

（2）分解成月度目标

确定了年度目标之后，一定要将店长和导购的目标分解到月。需要注意的是，不是把年度目标平均分解到每个月，这样就会存在一个问题，在淡季的时候付出很多努力但是业绩依然不高，提成也少，员工就懒散了；旺季的时候，轻轻松松就可以做到很高的业绩，员工就不会努力了。所以，我们要按照淡旺季的状况分解出不同的目标值，这样更合理一些。

（3）让员工相信目标可以达成

我们一定要科学合理地设定年度的绩效指标，这就回到了数字化业绩改善会中周计划的指标设定的原则，而不是在现有的竞争力的情况下能够实现多少业绩，这是没有价值的。

对于管理者来说，实现的价值要不断优化现有的核心竞争力，要把标准不断优化，尽可能使标准达到一百分，再尽可能让执行力实现 100% 的贯彻落实，这就是在数字化业绩改善会上一直强调的一百分的标准，100% 的执行到位。

通过这样的过程就可以使管理者体现出自己的价值，不再是简简单单的维持型的管理者，而是一个持续优化和改善的管理者，使店面的盈利能力越来越强、客户满意度越来越高，进而带领全店员工形成引流、成交、复购、分享的循环，门店的业绩势必会非常卓越。

如果设定了目标而员工根本不相信设定的目标能达成，这个目标设定就失败了。所以，在设定目标时一定要和大家说清楚基于这样一个改善优化的过程，员工出业绩会变得更轻松，我们把目标设得高一点，员工是可接受的。所以，设定目标最大的问题不在于目标是否合理，而在于能够让员工确信这个目标是能达成的。

一般来说，企业想在初期就能直接科学合理地设定目标是有难度的，这要经过长期的数字化业绩改善会的积累，让管理人员通过不断改善提高业绩，具备了改善的能力，对业绩改善有了相对清晰的衡量方向和尺度，再去设定年度的绩效指标才能是相对合理的。否则，设定了较高的指标，员工不相信能够达成，目标的设定也就失去了意义。

3. 步骤三：具体的薪酬结构和衡量标准

经过前面两个步骤，第三步就比较简单了，我们只要核算出固定部分和浮动部分分别是多少、浮动部分是什么样的提点标准，这就变成了简单的数学计算过程。

第一步，基于岗位特征先确定固定部分和浮动部分的比例。

比如一线的销售人员，在整体工作中是以个人业绩为主导，那么个人能力影响业绩的程度越高，浮动部分比例也越高，固定部分比例则越低。通常我们建议固定部分和浮动部分的比例在4：6左右，也可以是3：7或者是5：5。

如果是店长，作为管理者并不是完全由个人能力出业绩，而是要以管理导向出业绩。他的很多管理工作不能直接体现在业绩上，或者不能在短期内直接体现出业绩的变化，他的很多工作是为未来做准备的。所以，就不能把他的浮动部分比例定得太高，否则店长就不会做长期规划。因为员工知道可以得到什么，就为此多付出，所以不能直接帮他出业绩的工作干脆不做，只做能迅速有业绩体现的工作。鉴于这种情况，我们建议固定部分和浮动部分的比例就是5：5或者6：4。如表8－4所示。

表8－4 固定部分和浮动部分的比例

岗位特征	固浮比例参考1	固浮比例参考2	固浮比例参考3
一线销售	4：6	3：7	5：5
管理岗位	5：5	6：4	7：3

第二步，确定浮动部分到底怎么给。

这就是按照前面所说的三级目标做坎级奖励，具体坎级的提点设置就以二线城市的导购薪酬为例，一般二线城市导购的月薪在5000元左右，设定薪酬的固浮比例为4∶6，那么固定部分薪酬就是2000元，浮动部分薪酬则在3000元左右。假设一个店面有6名导购，分别设定了该店面的年度基础目标600万元、计划目标700万元和挑战目标800万元，先将这些目标平均分配到了每个月和每名导购身上，如果每人每月达成基础目标，浮动部分就给3000元。也就是说，只要他完成这个基础目标，他的月薪酬就可以达到这个城市导购的平均水平5000元；如果他达成月计划目标，浮动部分给5000元，此时他就比这个城市的导购月平均工资高出2000元了；如果达成月挑战目标，那么浮动部分就给9000元，可以说他的薪酬已经处于该城市导购薪酬的高水平了。

具体的浮动部分提点的计算方式，就是完成基础目标的提点比例，即浮动部分的3000元与月基础目标之比；计划目标的提点比例则是达成计划目标给的浮动部分5000元与完成基础目标给的浮动部分3000元的差，比上月计划目标与月基础目标的差得出的结果，达成挑战目标的计算方式以此列推。为了便于大家的理解，用表格的形式来说明。如表8-5所示。

表8-5 具体的浮动部分提点的计算方式

年度目标（元）		月达成目标所给浮动部分总额（元）	月达成目标所给浮动部分坎级差额（元）	月人均目标（元）	月人均目标坎级差额（元）	浮动提点坎级比例
基础目标	6000000	3000	0	83333.33	0	4.0%
计划目标	7000000	5000	2000	97222.22	13888.89	14.0%
挑战目标	8000000	9000	4000	111111.11	13888.89	29.0%

通过表格就可以清楚地看到计算浮动提点坎级比例的过程。对于员工来说，只需要完成企业给他设定的基础目标，就可以拿到所在城市同行业的平均水平的薪酬；如果完成计划目标，那么超过基础目标的部分就可以从原来4%的提点骤升到14%的浮动提点；如果全力冲刺达到挑战目标，那么超过计划目标的业绩就可以获得29%的高额提点，最高可获得月9000元的浮动薪酬。

这样就很容易知道每个月大概给了员工多少薪酬，该店面导购的月平均薪酬也就算出来了，这种核算薪酬的方法就简单了。很多人把大部分的时间、精力放在这个步骤计算上是没有必要的，薪酬核算难点不在于怎么算，而是难在前两步。

综上所述，薪酬设计的三步骤才是做薪酬的关键核心点，是薪酬设计的基本路径。当然，薪酬设计过程中还会有薪酬调研、薪酬预算及薪酬制度等内容，这些不作为薪酬设计的核心要点，大家如果想了解可以找一些相关的教材和书籍，在这里就不详细阐述了。

第三节　职业发展与事业平台激励

——让员工真正把企业当家

（一）真正实现职业可发展

1. 企业要有发展空间

员工激励要采取长短结合的激励模式，前面已经讲过薪酬激励属于短激励，职业发展与事业平台激励是长激励模式。

在探讨这个问题时，很多企业家会说：“王老师，我已经在做员工职业发展规划，但是他们不信，说我在画大饼。”规划员工的职业发展有助于留住优秀人才为企业创造良好业绩，但员工都不在乎，所以还是没有取得预期效果。

员工是真的不在乎吗？两种可能：一是员工真的不在乎，另一种就是老板真的在画大饼。大多数情况都是后者，很多企业家对此觉得委屈：“我是真的愿意给员工提供发展平台。”经验告诉我们，**企业家真的愿意给员工提供职业发展机会，但是企业真的做不到。**

职业发展是要给员工不断晋升的事业平台，要求企业有足够大的规模或者更多的管理层级。但是很多企业管理层级是扁平化的，老板直接管理门店，员工的上级是店长，店长的上级就是老板，做到店长就没有空间了。老板就会说：“我们共同努力，等企业壮大了你做区域总监。”但是连续两年都看不到企业规模有任何变化，怎么可能相信未来三五年会有变化？所以，企业自身的规模或者成长性不够，不能持续裂变，这对员工来说就是画大饼。职业发展要结合企业发展需求，只有这样才真实有效。

所以，**让员工相信职业发展的核心原则，是企业必须让员工在一年内看到身边职业发展的现实例子。**即便不是员工自己升级，也要让他看到身边有人升级。员工工作了一年，说职业发展，结果一个升级的都没有，怎么可能会相信。企业要有科学的成长规划，让员工能看得见、摸得到。

因此，成长和发展是企业的硬需求。

首先，企业规模变大可以摊薄成本，比如生产企业原来一年卖1亿元，现在一年卖10亿元，研发成本就变成原来的1/10；原材料需求数量激增，采购成本也会降低；除了销售团队和生产一线的成本没有降低，其他的成本都随着规模的扩大而摊薄，总成本也就降低了。这让企业形成了成本优势和其他连带的竞争优势。

其次，企业规模大意味着企业人才有广阔的事业平台，谁不想在有发展前景的企业工作呢？符合需求的人才越多，业绩增长就越容易。但是对绝大多数门店企业来说，“大规模”是可望而不可即的梦想，因此本身规模不够大，你却和员工谈职业发展确实就是画大饼。

2. 对升职员工要有针对性的培养

当企业具备发展的能力之后，还要有针对性地进行相应的人才培养投入。员工职业发展需要解决另一个核心问题：员工成功晋升后是适岗的。

很多企业指派员工去做管理者，但是这个员工在管理岗位上是否适合呢？很多员工没有做好成为上一级管理者的准备就被提升了，其实这是把这个员工放到火上烤。

比如一个导购升为店长，在原岗位上这个员工是优秀的，但是他们能否胜任新的岗位呢？未必！由于之前没有管理过员工，员工不听话他很痛苦；原来不用负责全店业绩，现在必须负责了。可是这个员工没有方法解决业绩问题，业绩不好更焦虑。所以，这个员工自从承担了管理岗位，非但没有想象中的成就感，反而处处受挫。这种情况下，还有哪个员工愿意承担管理岗位？员工不愿意做管理者，就不会严格要求自己、不会成长，所谓的职业发展激励必然是空中楼阁。

对企业来说，指派管理者很可能出现的结果是多了一个不合格的店长，少了一个优秀的销售人员，这损失就太大了。由于没有足够的管理人才，企业想裂变却因没有足够的管理人员支撑。企业的发展受制约，更没有足够的管理岗位提供给员工，员工就更不相信企业了。这就形成了死循环，企业很难从中突破出来。

为什么多数员工在升级到新的管理岗位上都很难适应？原因在于新的管理岗位的能力要求和原有岗位的能力要求有本质的不同。

依然以导购升为店长为例，导购的能力要求是以接待客户为主，而店长的要求则高得多。不但本书的大多数管理工具都需要店长熟练应用，而且店长还要掌握本书之外的很多能力，比如促销组织和执行、员工日常领导等。优秀的导购（销冠）在导购岗位上根本接触不到这些工作，自然无法掌握这些技能。只要导购承担起店长的位置，就必须把相关工作做好，带领团队创造出理想的业绩和较高的客户满意度。企业根本没有时间让新上任的店长去适应，大多数员工自然做不好。

给员工职业发展的核心不仅是给他们一个规划，还要基于员工的职业发展路径配置科学的成长阶梯和对应的赋能机制。唯有如此，才能真正批量复制人才。

（二）员工职业发展的核心支撑系统——内训人才升级模式

结合多数门店企业现状，我们研发了一套系统工具来保证人才升级成功，形成良性循环体系，从而实现人才批量复制，企业大规模裂变。如图 8 -6 所示。

这个模型主要通过四步实现人才的成功升级。管理工作一般分为两类：理人和管事！要想让一个员工成功的晋级，这个员工要在现有岗位上做好这两项工作。

一是解决人的问题，由内训师进行合格人才储备；二是解决事的问

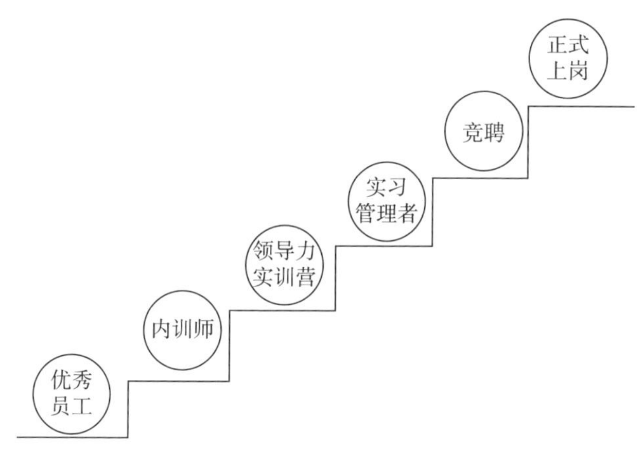

图 8－6　内训人才升级模式

题，通过管理实训掌握技能；三是人事结合，通过做副手进行管理实际操作，理论和实践相结合；四是通过竞聘在众多储备管理人才中脱颖而出，实现成为高一级别管理者的质的飞跃。

为了更好地理解内训人才升级模式，我们以终为始地分析各阶段设置的原理。

首先，员工升级到新的管理岗位一定要通过竞聘来实现。很多老板会直接找到平时表现不错的员工说："小王，经过这一年的考察，你工作非常努力，领导、同事也都很认可你，你的团队意识也很强，公司希望你担任××管理岗位。"这是企业在主动安排员工去管理岗位。员工一般会这样说："非常感谢领导的认可，我还有很多不足之处，也没有把握一定能做好，但是我非常乐意挑战一下，要不我试试？"

这个"试试"就是个坑，这意味着他为自己留好了退路，没做好他就会说："当时是你让我做的，我也说了不敢保证能做好，但我可以试试。"给自己的不负责任找了个的完美理由。所以，做事是不能给自己留退路的。直接指派的方式根本行不通，人才升级一定要进行内部竞聘，想让他做好，就不能有退路，必须全力以赴。

怎样才能让员工全力以赴做管理者？只有一种方法，就是职位是他好不容易抢来的。竞聘就是要狼多肉少，大家都在抢；通过竞聘做出公开承诺，对工作结果负责，要为店面创造多少业绩、如何管理好店面、怎么帮助员工成长等。有了公开承诺就没有退路，要拼命做好去践行自己的承诺。所以，竞聘实际上是一个副手变成正职的质变过程。

竞聘最大的风险在于无人可用，这就需要通过管理实训培养出一批储备管理者。

如果在竞聘时非要从不合适的人里面选择，那么企业要承担失败风险或无法预知的损失；若直接安排，又极大地消耗企业权威，员工认为竞聘形同虚设，更加不信任企业，再有竞聘就更没人报名了。在竞聘前一定要提前知道谁就是适合的，至少有两个以上的目标人选，并确信他们会报名，然后再做竞聘，这样才能保证竞聘成功。而管理实训就为企业提供了合适的人选，避免了无人可用的尴尬。

管理实训使内训师具备店面运营和业绩改善能力，这就解决了事的问题，比如如何管理店面、怎么做促销、发现了问题如何做改善等管理工作实务。这些能力不仅经过了管理实训营的训练，还在储备管理岗位上经过一段时间的实习，储备管理者在竞聘之前就已经熟练应用这些能力了。

参加管理实训营的员工也不能是普通员工，而是优秀的内训师。

内训师是管理者成长和进步的第一个阶梯，帮助员工解决培养人的问题。前面已经讲过内训师是整个企业核心的脊梁骨，关键是能够彻底解决企业的根源问题。内训师不能只是学习一些培训的技巧，要学习销冠孵化器中的顾问式销售模式、认知培训课程的核心逻辑及销售复盘中的现场教练的方法，这样他才能成为真正去改变员工习惯的人。

经过这样的成长规划，让员工通过阶梯分步的方式逐级掌握相关能力，再让员工去做管理者，成功率就大大提高了。站在企业的角度，内训人才升级模式彻底解决了企业人才捉襟见肘、人才升级失败的系统问题；站在员工的角度，企业提供的职业发展规划看得见、摸得着，是实实在在的职业发展机会。

我曾经辅导的一个做餐饮的客户，就是通过这种人才升级的模式，在一年时间内直营店面数量裂变为原来2倍，而且多年不缺店长，使这家餐饮企业在很长一段时间内毫无压力地开新店。

（三）内训人才升级模式操作要点

1. 内训师实训

首先，要在员工中选拔出具备潜质的优秀员工来参加内训师实训。导购和店长所需要的技能从本质上是不同的，导购只要解决怎么把自己的业绩做到最好、怎么面对客户；店长面对的核心问题不是如何面对客户，而是如何面对他的员工，总不能所有的单子都靠店长拉来吧。既然不能直接出业绩，而员工的业绩又比店长差很多，拿客户来练手，企业的损失是巨大的。

有A和B两个管理者，各自管理员工10人。A的业务能力100分，努力程度120%，他个人可以创造120分的价值。但他把时间都放在自己的业务上，没有时间去管他的10个员工，这些员工工作能力只有60分，只有60%的努力程度，所以他的团队总价值只有480分。而B个人业务能力80分，他将50%的时间用在业务上，他个人创造40分的成果，另外50%的时间管理和培养他的10个员工，使每个人都达到80分，工作投入也达到80%，B的团队总业绩就是680分。

显然，管理者的核心价值不是靠自己干活出业绩，而是通过带动和培养下属出业绩。管理者的第一个基本能力就是能掌控人、培养人，于是我们设计的第一个阶梯就是要成为内训师。内训师不仅要讲课，还要进行情景模拟、管理实训等，使之真正改变习惯。当他完全掌握销冠孵化器里面的技能时，他就会有很大的价值，可以批量复制销冠，自然就解决了如何管控销冠的问题。因为销冠都是他培养的，所以他不怕销冠，这样内训师在团队中有绝对威信，在管理上轻松很多。这为他成为一个合格的乃至优秀的管理者打好了扎实的基础。

2. 管理实训

以数字化业绩改善这套工具为基础形成一个管理者的实训营，重点在于“练”，把数字化会议、促销管理、领导力等形成相应的工具，要求参训者必须在现场经过练习掌握。以数字化会议为例，参训者需要掌握业绩改善的逻辑，在我们给他讲述周计划表之后，他要去练习填写并经过导师的指导进行改善优化，直至能够独立填写出合格的周计划表，之后练习如何在周会上进行汇报。在这个过程中，不只是让他练习如何在会上汇报，同时也训练他该以什么样的心态面对管理责任，这样的管理实训营才是有效的。这是以实训为导向的管理训练方式。

当然，要想参加管理实训必须经过相应的考核，基于这套模式有个直接的考核指标就是到底培养出了多少销冠级别的员工。如果他讲了很多课，但是没有培养出销冠级别员工，那是没有任何价值的，所以他必须培养出足够多的销冠级别员工。我们可以根据企业需求设定出培养销冠数量的最低指标，比如培养 3 个以上的销冠，若能达到就有资格参加。在实训中，若考核没通过是无条件必须淘汰的，管理实训营必须要有权威，否则就没有价值。做到严进严出，这样他进来之后就会很兴奋、很激动，珍惜这次机会。出去时他会发现 10 个人只有 3 个人合格毕业，他就是其中之一，会非常自豪，认为自己是有价值的，增强了自信，让他做储备管理者时能够放开手脚。

3. 储备管理者

很多人刚到管理岗位不会管员工，缺乏自信，很紧张，容易犯错，比如去讨好员工，就是损害公司利益、不遵守原则、给员工放水，让员工喜欢自己从而获得拥戴，这是巨大的错误。因为员工根本就不在乎他，而企业跟他要业绩，他又因为管理不到位而不能提高业绩，这个管理者就是失败的。

在管理实训后，让他作为储备管理者去做店长副手，最少 3 个月。第一个月很简单，用心地听、看，跟着店长观察学习；第二个月在店长的辅导下参加数字化会议并进行汇报；第三个月独立在会上做汇报。当他经历过这些有了足够的自信，他就知道如何管理员工、如何运营店面，就可以有机会参加管理岗位的竞聘。

4. 竞聘

图 8 -7 是竞聘的一个基本流程，关于竞聘的具体操作，如果做详细介

绍会有很长的篇幅，所以这里就说几个主要的操作要点。

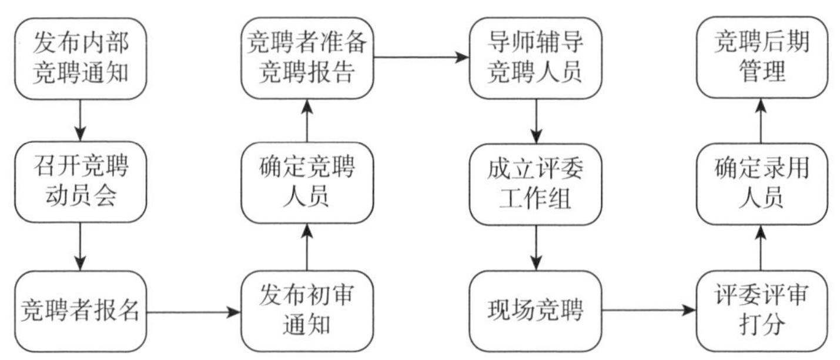

图 8－7　内部竞聘组织实施基本流程

竞聘动员会的主要作用是鼓励储备管理者们踊跃参加，经过资格的初步审核确定参加人员，可以避免不符合条件的人员参选而造成不必要的麻烦，之后竞聘者准备竞聘报告。在这个过程中，可以安排导师进行辅导，为了竞聘者竞聘成功后运营好店面，我们建议竞聘报告的内容就是店面的年度计划。内容有四个方面：一是去年同期的分析，今年目标的制定；二是基于目标设定做出科学的策略，就是如何达成目标；三是要求对目标实现策略做出科学的时间计划表，有具体计划分配到人、时间、工作节点的计划能力才能把事情做好。这与前面周计划所提到的逻辑几乎完全相同，只不过更细致，就不再赘述了；四是需要公司提供哪些支持。基于这样的逻辑形成一套完整的竞聘报告，他才能真正掌控这个店面。

用年度计划的原因是企业都有年度经营周期的淡旺季变化，从员工的思维角度是以月度为周期，就是下个月能出多少业绩、拿多少工资，能考虑到季度的员工就很优秀了，但是管理者只考虑月度或季度一定会失败，他必须以年度为周期进行整体的策略思考，常说的“淡季做市场，旺季出销量”就是在淡季要提升自身的能力，做好储备。旺季到了，我们已经准备好了人才、策略、客户，就直接出业绩了。你会发现小品牌在淡季特别难熬，总有一些小企业在淡季被淘汰，原因就是大家都认大品牌，淡季本来人就少，又都去找大品牌，小品牌的压力就很大。所以，我们要求管理者改变基本思维方式，工作周期和思考模式要以年度为周期进行思考，否则就不会成为合格的管理者。

在竞聘时，评委工作组的相关人员，包括员工代表都可以提问，这可以使竞聘者清楚自己的逻辑，也可以验证他的思考能力和临场反应，特别是验证他对压力的反应。因为很多人遇到压力就会情绪失控，而管理者面对的压力比员工大，需要有很好的情绪控制能力，把时间和精力放在有效的思考上，而不是去发泄。竞聘演讲结束后，由评委工作组进行评分，这里需要注意，一个员工是否能够真正成为管理者，在竞聘上只有50分的权重，另外50分的权重是他在储备管理岗上的日常表现决定的。因为有人擅长现场发挥，有人擅长工作实务，所以完全以竞聘时的表现为导向来选择管理者还是有风险的，为此通过日常表现做基础评价，再结合竞聘表现做综合评判，二者结合才能真正判定哪个员工适合成为管理者。这样经过综合评价及讨论后确定录用人选。

为了规范竞聘操作，企业还要制定竞聘管理制度，明确内部竞聘条件，适用岗位，选拔范围、标准，评审规则等。

5. 后续发展——管理岗位辅导

竞聘成功，管理者进入岗位，因为已经进行了相应的训练和准备，又通过竞聘产生质变，升级成功率就会更高。如果发现能力还有欠缺，可以由他的上级对他进行一段时间的扶持。管理岗位做好了就可进入下一个循环，成为管理岗位内训师，参加更高一级的管理实训营，再竞聘成为更高级别的管理者，这样就打通了员工职业发展通道。

当员工看到身边的人成为内训师或参加管理实训，即便自己还没有实现，但也看到了未来职业发展的变化，对他来说就是有刺激作用的，就会相信是真的，企业也不用担心无人可用。这才是合格管理者相对规范和成熟的成长和发展的过程，也是企业把职业发展落地的基本过程，每个企业都应该建立这样的系统。

基于批量复制销冠，通过数字化会议持续创造销冠业绩，降低门店成本形成新的竞争优势，使你具备裂变的条件。然后通过合适的薪酬和职业发展让大家不但愿意在企业工作，把事情持续做好，而且不断努力提升自己的能力和岗位，最终支撑企业裂变，大规模扩张，取得双赢、多赢的结果。

老板·创业			
一、经理人			
书名	内容	书名	内容
老总有想法，高层有干法 王清华　著	企业将、帅之间的定位问题、角色问题、方法问题、思维问题、管理问题等	历史深处的管理智慧 1：组织建设与用人之道 刘文瑞　著	通过历史鉴照当今企业选人用人、二代接班人、创业团队管理等问题
历史深处的管理智慧 2：战略决策与经营运作 刘文瑞　著	通过历史鉴照当今企业决策、战略规划、战略冒进、决策监督等问题	历史深处的管理智慧 3：领导修炼与文化素养 刘文瑞　著	通过历史鉴照当今企业的领导修养、用权、管理风格等问题
老板经理人双赢之道 陈　明　著	经理人怎养选平台、怎么开局，老板怎样选/育/用/留		
二、用人			
用好骨干员工 王　敏　著	系统化分享关键人才打造与激励方法	领导这样点燃你的下属 孟广桥　著	领导者如何才能让员工积极主动地工作
让用人回归简单 宋新宇　著	帮助管理者抓住用人的要害，让用人变得简单		
三、转型·创业			
创业要过哪些坎 董　坤　著	15 年创业咨询经验总结的创业遇到的问题及办法	高潜牛人 董　坤　著	创业和事业发展中如何找到牛人
成为下一个 SaaS 独角兽 崔牛会　主编	19 位 SaaS 领专家，7 个不同的视角总结 SaaS 行业实践	创模式：23 个行业创新案例 段传敏　著	CEO 社群 23 位企业家的思考与实践分享。
重生——中国企业的战略转型 施　炜　著	本书对中国企业战略转型的方向、路径及策略性举措提出了建议和意见。	7 个转变，让公司 3 年胜出 李　蓓　著	企业估值、业务模式、营销、生产制造、客户服务、用户黏性到组织管理 7 个转变
企业二次创业成功路线图 夏惊鸣　著	五步骤给出了一幅企业二次创业经营突破、管理提升的成功路线图	跟老板"偷师"学创业 吴江萍　余晓雷　著	如何通过"偷师"学习与积累当老板的阅历
公司由小到大要过哪些坎 卢　强　著	企业成长路线图，现在我在哪，未来还要走哪些路，都清楚了	跳出同质思维，从跟随到领先 郭　剑　著	66 个精彩案例剖析，帮助老板突破行业长期思维惯性
企业经营			
经营打造你的盈利系统 高可为　著	选择最有效的经营策略，打造属于自己的商业模式	中国企业的觉醒 王　涛　著	企业告别自私、野蛮，转向善良、爱，才会赢得消费者
成为敏感而体贴的公司 王　涛　著	未来有竞争力的企业，一定是那些敏感而体贴的公司！	有意识的思考 王　涛　著	对头脑中固有观念保持觉察，从而超越它们的局限
简单思考 孔祥云　著	著名咨询公司（AMT）CEO 创业历程中的经验与思考	写给企业家的公司与家庭财务规划 周荣辉　著	以企业的发展周期为主线，写各阶段企业与企业主家庭的财务规划

续表

书名	内容	书名	内容
从10亿到100亿的企业顶层设计 刘建兆　著	重新定义企业成长方式，有效益、有效率、有效能、有效果、有品质的良性成长。	活系统：跟任正非学当老板 孙行健　尹　贤　著	造活系统，使系统活，靠系统活，活得系统。
宗：一位制造业企业家的思考 刘建兆　著	发展20年营业额近亿元制造业企业家的思考与心得	使命：驱动企业成长 高可为　著	用大企业发展轨迹及企业家的心路历程，揭示企业成长的基因，做事的逻辑
让经营回归简单 宋新宇　著	战略、客户、产品、员工、成长、经营者的经营法则	边干边学做老板 黄中强　著	86个案例讲述中小公司成长过程遇到的问题和方法
盈利原本就这么简单 高可为　著	跨越业务与财务边界，为企业提高盈利水平提供方法。		
综合管理			
一、企业管理			
让管理回归简单 宋新宇　著	从目标、组织、决策、授权、人才、老板自己等提供方案	管理的尺度 刘文瑞　著	西医式的体检化验，又要施加中医式的望闻问切
管理：以规则驾驭人性 王春强　著	人性驾驭角度权度运筹安排的可兑现性，管理有效性	看电影，学管理 刘文瑞　著	十六部电影的解读，揭示电影内含的管理之道
好管理　靠修行 曾　伟　著	从佛法、道法思想中寻找管理智慧	公司大了，怎么管 金国华　著	成长型企业发展中的共性问题，通过案例实录解开
低效会议怎么改 王玉荣　葛新红　著	从梳理公司会议体系的层面改变低效会议的现状	年初订计划年尾有结果 郭　晓　著	总结七步落地方案让战略计划切实落地实现
分股合心 段　磊　周　剑　著	围绕股权激励，详细介绍相关知识和实行方法	员工心理学超级漫画版 邢　磊　著	漫画形式对组织中个体心理的全面介绍和深入探讨
让投诉客户满意离开 孟广桥　著	投诉法律法规，应对各种投诉技巧等提升客诉能力		
二、管理思想			
管理学的奠基者 刘文瑞　著	近代以来的管理思想发展揭示管理思想的演化奥秘	巴纳德组织理论研读 郭　威　著	深度研读巴纳德《经理人员的职能》，帮你理解和看懂
管理学在中国 刘文瑞　著	科学看待管理学流入中国，对继承发展进行深入阐述	德鲁克管理学 张远凤　著	以德鲁克管理思想发展为线展示20世纪管理学发展
德鲁克与他的论敌们 罗　珉　著	德鲁克与马斯洛、戴明等诸多管理大师论战的故事	德鲁克管理思想解读 罗　珉　著	作为德鲁克学生全面解构其思想的精髓与实践价值
治论：中国古代管理思想 张再林　著	深入分析中国古代哲学基本精神的基础上，梳理分析了儒法墨三家的管理思想		

续表

营销·销售			
一、企业销售			
书名	内容	书名	内容
大客户销售这样说这样做 陆和平 著	大客户销售活动的十大模块，68个典型销售场景	**向高层销售** 贺兵一 著	销售人员与客户高层打交道需要重点掌握的知识、技巧
资深大客户经理 叶敦明 著	将大客户经理必须具备的规划、策略、执行三种能力连通自如	**成为资深的销售经理** 陆和平 著	让销售经理成功把握销售管理6个关键点，并提供工具
销售是个专业活 陆和平 著	据客户采购流程拆分销售过程10阶段，讲解方法技巧	**学话术 卖产品** 张小虎 著	手机、电动车、家电、食品等消费品的一线销售话术
二、企业营销			
新营销组织力 迪智成 著	适应最新数字化外部环境，系统化协同组织能力建设	**营销按钮** 老 苗 著	讲述存在于人性以及各个营销环节中的“按钮”
精品营销战略 杜建君 著	“精品营销战略”核心逻辑与营销组合策略	**360°谈营销** 王清华 古怀亮 著	营销是立体的，从不同角度观察不同企业的营销精髓
互联网精准营销 蒋 军 著	互联网时代整3体策划、包装品牌和产品	**招招见销量的营销常识** 刘文新 著	做好基本的营销动作都可以提高销量、减低成本
用数字解放营销人 黄润霖 著	用数字说话覆盖营销工作的方方面面	**用营销计划锁定胜局** 黄润霖 著	让营销计划落地，营销人员只需解决两个问题：基数与概率
我们的营销真案例 联纵智达研究院 著	五芳斋粽子、诺贝尔瓷砖、利豪家具、保健品、娃哈哈	**中国营销战实录** 联纵智达研究院 著	51个案例，46家企业，46万字，18年积淀
弱势品牌如何做营销 李政权 著	产品与物流通道、服务通道、促销互动通路提供方法	**解决方案营销实战案例** 刘祖轲 著	十大工业品作者实操案例解码解决方案营销
升级你的营销组织 程绍珊 吴越舟 著	根据企业实际情况建立有机性营销组织	**变局下的营销模式升级** 程绍珊 叶 宁 著	十年大量案例归纳三种核心驱动要素，三种升级方向
老板如何管营销 史贤龙 著	以十六个招式，理论与案例相结合，高段位营销方法	**孙子兵法营销战** 刘文新 著	理解《孙子兵法》原意的同时，还可体悟到营销之用
三、品牌			
中国品牌营销十三战法 朱玉童 著	深度演绎最符合企业品牌营销策划的十三套实战战法	**中小企业如何打造区域强势品牌** 吴 之 著	如何建立强势品牌的角度解析扩张难题
四、营销策划			
这样写文案，就没有卖不动的产品 秦 剑 刘安丽 著	术、法、道三个层面由浅至深培养商业文案创作能力	**洞察人性的营销战术** 沈 坤 著	介绍了28个匪夷所思的营销怪招，大部分甚至可以直接运用

续表

书名	内容	书名	内容
双剑破局：沈坤营销策划案例集 沈　坤　著	双剑公司8年来的实操案例，每个项目诞生过程、策划角度和方法		
企业案例			
鲁花：一粒花生撬动的粮油帝国 余　盛　著	鲁花如何成长为优秀的带动农业产业发展的品牌，鲁花你一定学得会	**金龙鱼背后的粮油帝国** 余　盛　著	以金龙鱼为脉的一部中国粮油行业的史诗
你不知道的加多宝 曲宗恺　牛玮娜　著	以时间为轴线，详细叙述了加多宝品牌的发展历程	**静水流深** 黄治国　著	作者在美的十五年对何享健近内部讲话资料的整理
娃哈哈区域标杆 罗宏文　快车君 赵晓萌　寇尚伟	讲娃哈哈豫北市场如何成为娃哈哈全国第一大市场、全国增量第一的市场	**借力咨询：德邦成长背后的秘密** 官同良　王祥伍　著	德邦将自己积累的与咨询公司发展共赢的合作逻辑和盘托出
六个核桃凭什么从0过100亿 张学军　著	全视角深度解读养元企业的裂变成长，复盘十年蜕变轨迹	**像六个核桃一样** 王　超　著	六个核桃为什么卖得这么好，产品畅销的6大要义36条简明法则
中国首家未来超市 IBMG集团　著	对乐城超市的掌门人及内部员工的采访详细阐释了乐城的经验	**三四线城市超市如何快速成长：解密甘雨亭** IBMG集团　著	甘雨亭的许多关键经营指标均高于行业标准，学习其成功的方法
集团化企业阿米巴实战案例 初勇钢　著	作者在某酒厂推行阿米巴经营模式的心得		
经销商			
新经销：新零售时代教你做大商 黄润霖　著	探访近100位经销商在传统营销手法上的创新，传统营销微创新和新营销本地化	**商用车经销商运营实战** 杜建君　王朝阳 章晓青　著	对商用车经销商的经营与管理、4S店运营做了全方面的系统总结
跟行业老手学经销商开发与管理 黄润霖　著	从管理耐用消费品经销商角度提炼了48个代表性问题并给出解决办法	**快消品经销商如何快速做大** 黄润霖　著	经销商如何通过经营实现规模，通过管理实现规模效益
建材家居经销商实战42章经 王庆云　著	经营管理的心法和战法，帮助经销商成为“业务妙手”和“管理能手”	**成为最赚钱的家具建材经销商** 李治江　著	针对建材家居行业的经销商，从销售模式、产品、门店、市场等方面给出方法
白酒经销商的第一本书 唐江华　著	经销商如何选择厂家、合作、运营品牌等问题给建议	**快消品招商的第一本书** 刘　雷　著	从招商理论到招商动作进行系列化分解，化繁为简
中小企业			
中小企业如何打造区域强势品牌 吴　之　著	如何建立强势品牌的角度解析扩张难题	**用流程解放管理者** 张国祥　著	8个板块构成，共66篇文章，14幅流程管理图
用流程解放管理者2 张国祥　著	对中小企业规范化流程管理进行系统的阐述	**弱势品牌如何做营销** 李政权　著	产品与物流通道、服务通道、促销互动通路提供方法

续表

书名	内容	书名	内容
本土化人力资源管理8大思维 周　剑　著	用最贴近中国中小企业现实管理情境的案例去讲述周围人的“家事”	**中小农业企业品牌战法** 韩　旭　著	农业企业需要全产业链视野，更需要品牌实战方法
门店销售冠军复制系统 王吉坤　著	门店型企业如何打造可复制的销售冠军系统，凡是门店型企业都可以使用	**新零售动作分解与实操：建材·家居·家具** 盛斌子　著	对泛家居行业趋势、店面管理、团队管理、促销推广、五感营销等提供策略
家具建材促销与引流 薛　亮　李永锋　著	对泛家居营销执行模式和工具、关键环节等进行汇总	**建材家居门店6力爆破** 贾同领　著	产品力、导购力、形象力、推广力、服务力、组织力
家具行业操盘手 王献永　著	总结家具终端门店发展的现状及问题并给出策略	**手把手教你做专业督导** 熊亚柱　著	系统梳理督导的核心技能，岗位职责、工作流程及技能
手把手帮建材家居导购业绩倍增 熊亚柱　著	针对建材家居门店的业务人员，案例故事还原场景教你成为好导购	**10步成为最棒的建材家居门店店长** 徐伟泽　著	梳理店长管理的核心工作职责，店面管理规范和帮助销售人员成长
建材家居门店销量提升 贾同领　著	9个板块讲述建材门店一个单店如何做到经营的良性循环	**总部有多强大，门店就能走多远** IBMG集团　著	五大方向综合阐述连锁零售企业总部如何提升管理能力
赚不赚钱靠店长，从懂管理到会经营 孙彩军　著	注重专卖店的经营思路拓展，门店管理细节方面能力提升	**新医改了，药店就要这样开** 尚　锋　著	从药店定位的思考，内部和会员管理等几个方面探讨中小型药店发展方向
门店管理			
电商来了，实体药店如何突围 尚　锋　著	新时代药店经营三驾马车：药学专业服务、会员贴心服务和精准定向促销	**引爆药店成交率1：店员导购实战** 范月明　著	药店人的零售工作怎样接待顾客，完善销售技巧
引爆药店成交率2：药店经营实战 范月明　著	从药店经营角度如何建立改善门店现状的实用标准	**引爆药店成交率：专业化销售解决方案** 范月明　著	从简单的拿药服务到提供多角度的专业解决方案
互联网			
一、互联网转型			
画出公司的互联网进化路线图 李　蓓　著	18个“可以……吗”的问题作为你产品、客户和价值方面的指引牌	**7个转变，让公司3年胜出** 李　蓓　著	企业估值、业务模式、营销、生产制造、客户服务、用户黏性到组织管理7个转变
重生战略移动互联网和大数据时代的转型法则 沈　拓　著	四个重生战略对应四个法则告知传统企业的转型重生之路	**创造增量市场：传统企业互联网转型之道** 刘红明　著	为读者提供了寻找这些互联网的切入点和接触点的具体方法，带来增量市场
互联网+变与不变 本土管理实践与创新论坛　著	61篇精华文章，聚焦传统行业如何互联网+时代转型	**今后这样做品牌** 蒋　军　著	顶层设计、营销创新、产品战略、渠道变革、品牌策略
移动互联新玩法 史贤龙　著	立足现实，剖析新时代背景下的移动互联趋势与热点	**互联网时代的成本观** 程　翔　著	多维组合成本的互联网精神和大数据特征及应用

续表

书名	内容	书名	内容
正在发生的转型升级实践 本土管理实践与创新论坛　著	100多位本土管理专家当年对最新一年的思考和实践	**1000铁杆女粉丝** 张兵武　著	如何让普通女性成为忠实追随的铁杆粉丝，磁力点、情感结、甜蜜区、信任圈
混沌与秩序Ⅰ：变革时代企业领先之道 彭剑锋　施　炜 苗兆光　王祥伍 孙　波　夏惊鸣	新环境下企业面临变革应如何应对，作为企业家又应当如何坚守并与企业共同成长提出了深度思考	**混沌与秩序Ⅱ：变革时代管理新思维** 彭剑锋　施　炜 苗兆光　王祥伍 孙　波　夏惊鸣	对处于时代变革下的企业管理新机制、人力资源管理新思维，组织与人的新型关系，结合案例提出优化建议
消费升级：实践·研究 本土管理实践与创新论坛　著	从经营、管理、行业三个方面记录消费升级下的实践	**互联网精准营销** 蒋　军　著	互联网时代整体策划、包装品牌和产品
二、抖音、微信微商、电商			
抖音营销系统 刘大贺　著	抖音系统的实战营销知识，上百个从0做大的案例	**金牌微商团队长** 罗晓慧　著	微商团队长创业实操的指导工具书
微商生意经：真实再现33个成功案例操作全程 伏泓霖　罗晓慧　著	精心挑选的33个微商成功案例，阐述具体操作过程	**快速见效的企业微信营销方法** 孙　巍　著	站在微信生态的立体高度系统讲述企业微信快营销方法论
阿里巴巴实战运营：14招玩转诚信通 聂志新　著	产品定位、阿里巴巴排名因素、数据分析，标题优化等如何做好阿里巴巴	**阿里巴巴实战运营2：诚信通热卖技巧** 聂志新　著	打开诚信通运营的金钥匙，10大具体运营技巧
三、行业新营销			
餐饮新营销 杨　勇　程绍珊　著	聚焦餐饮企业转型，系统的餐饮企业营销管理体系	**新零售进化路径** 李政权　著	预先复盘新零售及商业的未来，找到方向
珠宝黄金新营销 崔德乾　著	珠宝业新营销/新品牌/新产品/新零售/新连接/新场景/新服务/新传播/新管理	**新经销：新零售时代教你做大商** 黄润霖　著	探访近100位经销商在传统营销手法上的创新，传统营销微创新和新营销本地化
新零售动作分解与实操：建材·家居·家具 盛斌子　著	对泛家居行业趋势、店面管理、团队管理、促销推广、五感营销等提供策略	**新营销** 刘春雄　著	让品牌商和渠道商掌握获得独立流量的能力，能够与平台商博弈
快速见效的企业网络营销方法　B2B　大宗B2C 张　进　著	数据和案例90%来自作者服务的中小企业，快速全面地学习企业网络营销方法	**移动互联下的超市升级** 联商网专栏　著	超市未来的发展趋势，对社区超市、生鲜、全渠道建设、O2O等提出观点
百货零售全渠道营销策略 陈继展　著	零售行业的竞争重点、行业本质，战略转型、未来趋势、经验和案例	**互联网时代的银行转型** 韩友斌　著	银行业在互联网金融变革浪潮中所做的积极应对和转型布局
触发需求：互联网新营销样本·水产 何足奇　著	通过鲜誉案例解读阐述水产行业如何进行互联网转型	**新农资如何弯道超车** 刘祖轲　著	从农业产业化、互联网转型、行业营销与经营突破四个方面阐述农资企业转型

续表

书名	内容	书名	内容
新零售　新终端 迪智成　著	将新零售系统打法做梳理并落地在新终端建设上		
医药医疗			
一、药店			
新医改了，药店就要这样开 尚　锋　著	从药店定位的思考，内部和会员管理等几个方面探讨中小型药店发展方向	**电商来了，实体药店如何突围** 尚　锋　著	新时代药店经营三驾马车：药学专业服务、会员贴心服务和精准定向促销
引爆药店成交率1：店员导购实战 范月明　著	药店人的零售工作怎样接待顾客，完善销售技巧	**引爆药店成交率2：药店经营实战** 范月明　著	从药店经营角度如何建立改善门店现状的实用标准
引爆药店成交率：专业化销售解决方案 范月明　著	从简单的拿药服务到提供多角度的专业解决方案		
二、药品销售			
医药第三终端：从控销到动销　诊所　基层医疗 王祥君　张芳文　著	用大量案例来梳理药企落地动销的策略、方法和技战术	**医药营销：诊所开发维护与动销** 张江民　著	从六个方面系统阐述基层诊所市场营销攻略
处方药合规推广实战宝典 赵佳震　著	对处方药推广体系搭建、推广人员岗位内容等六个方面进行阐述	**医药代理商经营全指导** 戴文杰　著	从产品选择、价格体系设计、路径管理等维度描述代理商产品操作的基本策略
处方药零售这样做 田　军　著	处方药零售的重要性及做市场的具体措施和方法	**OTC医药代表药店开发与维护** 鄢圣安　著	一位从初级OTC医药销售代表成长起来的销售经理的经验分享
OTC医药代表药店销售36计 鄢圣安　著	以《三十六计》为线，写OTC医药代表向药店销售的一些技巧与策略		
三、药企转型			
药企战略·运营与医药产业重构 杜　臣　著	对医药产业的深度认知与发展趋势结合，战略思考与经营操作相统一	**医药行业大洗牌与药企创新** 林延君　沈　斌　著	围绕着创新介绍医药行业，介绍近百家医药企业创新实践案例
医药新营销 史立臣　著	从药企最关心的八个方面阐述制药企业、医药商业企业营销模式转型	**医药企业转型升级战略** 史立臣　著	商业模式转型、管理转型、定位转型、运营模式转型和跨界转型五方面阐述转型
新医改下的医药营销与团队管理 史立臣　著	立足新医改相关政策的解读，为中小医药企业出谋划策	**在中国，医药营销这样做** 段继东　著	时代方略在医药营销领域思想、方法文章的精选合集
四、新医疗			
成为医疗器械领军者 王　强　著	中小型医疗器械生产企业和代理商怎样转型	**新型诊所经营与创新** 动脉网　著	对新型诊所从标准化管理、经营方式、团队建设、连锁模式四个方面进行解读

续表

书名	内容	书名	内容
医美新风口：颜值经济下的亿万市场 动脉网　著	详细介绍中国医疗美容行业的发展趋势，现状以及医美产业链等	互联网医院：正在发生的医疗新变革 动脉网　著	介绍互联网医院的建设与运营、管理，发展模式和市场布局，以及发展规律
快消品			
一、快消案例			
中国快消品营销这些年 史贤龙　著	一本书浓缩快消品营销15年的实战历程与前沿思考	这样打造大单品 迪智成　著	通过13个大案例帮助企业梳理打造大单品的路径
你不知道的加多宝 曲宗恺　牛玮娜　著	以时间为轴线，详细叙述了加多宝品牌的发展历程	娃哈哈区域标杆 罗宏文　快车君 赵晓萌　寇尚伟	讲娃哈哈豫北市场如何成为娃哈哈全国第一大市场、全国增量第一的市场
六个核桃凭什么从0过100亿 张学军　著	全视角深度解读养元企业的裂变成长，复盘十年蜕变轨迹	像六个核桃一样 王　超　著	六个核桃为什么卖得这么好，产品畅销的6大要义36条简明法则
5小时读懂快消品营销 陈海超　著	20年快速消品市场风云洞察解码，丰富的案例解析		
二、快消品区域经理			
快消品营销团队管理 刘　雷　伯建新　著	快消品团队管理相关的20余个工具＋20余个案例	这样打造快消品区域标杆 罗宏文　牛玉龙　著	分为两篇解决如何成功打造标杆市场和进行持续增量管理两大问题
成为优秀的快消品区域经理（升级版） 伯建新　著	作为区域经理的“速成催化器”，升级版增加11篇内容	快消老手都在这样做：区域经理操盘锦囊 方　刚　著	一线成长起来的资深快消品营销人“压箱底”绝活亲囊而授
快消品营销人的第一本书 刘雷　伯建新　著	针对一线厂家业务员工作中常遇到的问题给予建议	销售轨迹：一位快消品营销总监的拼搏之路 秦国伟　著	一个普通营销人的故事，16年背井离乡的职场拼搏之路
快消品营销：一位销售经理的工作心得2 蒋　军　著	从市场操作、团队管理、传播推广、营销的具体策略和战略等方面提供方法		
三、快消品动销			
动销：产品是如何畅销起来的 余晓雷　著	怎么被消费者买走和竞争对手是谁这两个原点解决动销问题	动销操盘：节奏掌控与社群时代新战法 朱志明　著	用七个章节阐述关于动销操盘的要诀，节点、节奏、主次、条件匹配性等问题
动销四维：全程辅导与新品上市 高继中　著	从产品、渠道、促销和新品上市四个方面详细讲解提高动销的具体方法		
四、快消品渠道			
深度分销 施　炜　著	流道价值链、模式选择、渠道策略与管理、零售经销商管理、最佳实践、团队建设	通路精耕操作全解周俊 陈小龙　著	对康师傅制胜法宝通路精耕进行系统介绍与说明，图表和完善入微的操作方法

续表

书名	内容	书名	内容
酒水饮料快消品餐饮渠道营销手册 朱伟杰　著	对餐饮渠道深入挖掘，建立适合餐饮渠道发展的服务模式和组织保障措施	**快消品经销商如何快速做大** 杨永华　著	经销商如何通过经营实现规模，通过管理实现规模效益
快消品营销与渠道管理 谭长春　著	解决日常涉及的渠道管理、市场、产品等营销事务	**快消品招商的第一本书** 刘　雷　著	从招商理论到招商动作进行系列化分解，化繁为简
采纳方法：化解渠道冲突 朱玉童　著	21 个最新的渠道冲突案例立体地介绍渠道冲突的现象和方法		
五、快消品企业战略			
重构：快消品企业重生之道 杨永华　著	从战略，品牌，市场，产品，营销，系统，管理 7 个方面进行重构	**变局下的快消品实战策略** 杨永华　著	从 5 个角度针对快消品企业如何应对行业变局给出答案
新营销 刘春雄　著	让品牌商和渠道商掌握获得独立流量的能力，能够与平台商博弈	**采纳方法：破解本土营销 8 大难题** 朱玉童　著	破解困扰营销人的八大难题变给出解决方法
白酒营销培训宝典：复制高业绩 刘孝鞅　著	总结白酒营销人员系统运作市场的要点，转化为易学可复制的动作和工具表单	**酒水饮料快消品餐饮渠道营销手册** 朱伟杰　著	对餐饮渠道深入挖掘，建立适合餐饮渠道发展的服务模式和组织保障措施
白酒营销的第一本书 唐江华　著	多角度阐释白酒一线市场操作的最新模式和方法	**白酒经销商的第一本书** 唐江华　著	经销商如何选择厂家、合作、运营品牌等问题给建议
白酒到底如何卖 赵海永　著	多角度地阐释了白酒一线市场操作的最新模式和方法	**白酒到底如何卖 2：从市场培育到动销** 赵海永　著	系统化、标准化、模式化的促成动销的实战操作方式和方法
变局下的白酒企业重构 杨永华　著	白酒企业重构期的营销战略与实操策略 6 大方法	**酒业转型大时代** 微　酒　著	酒水营销、新闻资讯及行业分析、预测的知识宝典
区域型白酒企业营销必胜法则 朱志明　著	以 36 条法则从战略、营销、推广、产品线、品牌、市场、战术、等方面提供方法	**10 步成功运作白酒区域市场** 朱志明　著	从市场攻守、产品攻略、新品上市、占领渠道、促销等十个层面阐述
	茶·调味品·油·乳业		
营销中国茶：2 小时读懂茶叶营销 史贤龙　著	中国茶营销的“困局”“破局”和“创举”	**中国茶叶营销第一书** 柏　龑　著	纵览中国茶叶市场的全局，并且有针对性地提出问题并阐述解决方法
调味品营销第一书 陈小龙　著	15 年监控中国市场 50 个中外著名调味品品牌市场运作、管理等得到的经验总结	**调味品企业八大必胜法则** 张　戟　著	提炼了调味品企业八大规律性的关键成功要素
食用油营销的第一本书 余　盛　著	从小包装油行业概述到产品的基本知识，从基本执行动作到品牌整体策划等	**鲁花：一粒花生撬动的粮油帝国** 余　盛　著	鲁花如何成长为优秀的带动农业产业发展的品牌，鲁花你一定学得会

续表

书名	内容	书名	内容
金龙鱼背后的粮油帝国 余　盛　著	以金龙鱼为脉的一部中国粮油行业的史诗	乳业营销的第一本书 侯军伟　著	区域型乳品企业如何才能够稳健的发展
工业品			
一、工业品销售			
大客户销售这样说这样做 陆和平　著	大客户销售活动的十大模块，68个典型销售场景	销售是个专业活　B2B 陆和平　著	据客户采购流程拆分销售过程10阶段，讲解方法技巧
成为资深的销售经理：B2B　工业品 陆和平　著	让销售经理成功把握销售管理6个关键点，并提供工具	一切为了订单：订单驱动下的工业品营销实践 唐道明　著	以订单流程的三个环节为主线讲述工业品营销管理新思路
二、工业品营销			
工业品营销管理实务(第4版) 李洪道　著	是信任导向工业品营销体系的深化版、工业品营销管理体系优化咨询升级版	工业品企业如何做品牌 张东利　著	为当下中国制造的品牌化转型提供经过实践证明的理念、方法和体系
工业品市场部实战全指导 杜　忠　著	解决职能不清、市场部五大职能如何运作、职业发展路径等具体问题	解决方案营销实战案例 刘祖轲　著	十大工业品作者实操案例解码解决方案营销
资深大客户经理：策略准　执行狠 叶敦明　著	将大客户经理必须具备的规划、策略、执行三种能力连通自如		
三、工业品企业			
变局下的工业品企业7大机遇 叶敦明　著	探索工业品企业成长的新机会，7大战略与战术性机会	两化融合管理体系贯标流程与方法 戴　勇　著	融合五十多家企业在两化融合贯标过程的经验，总结重点与举措
丁兴良讲工业4.0 丁兴良　著	多角度阐述中国在工业4.0的机遇和挑战		
建材家居			
一、建材家居门店			
家居建材促销与引流 薛　亮　李永锋　著	对泛家居营销执行模式和工具、关键环节等进行汇总	新零售动作分解与实操：建材·家居·家具 盛斌子　著	对泛家居行业趋势、店面管理、团队管理、促销推广、五感营销等提供策略
家具行业操盘手 王献永　著	总结家具终端门店发展的现状及问题并给出策略	手把手教你做专业督导 熊亚柱　著	系统梳理督导的核心技能，岗位职责、工作流程及技能
手把手帮建材家居导购业绩倍增 熊亚柱　著	针对建材家居门店的业务人员，案例故事还原场景教你成为好导购	10步成为最棒的建材家居门店店长 徐伟泽　著	梳理店长管理的核心工作职责，店面管理规范和帮助销售人员成长
建材家居门店销量提升 贾同领　著	9个板块讲述建材一个单店如何做到经营的良性循环	建材家居门店6力爆破 贾同领　著	产品力、导购力、形象力、推广力、服务力、组织力
二、建材家居经销商			
新经销：新零售时代教你做大商 黄润霖　著	探访近100位经销商在传统营销手法上的创新，传统营销微创新和新营销本地化	建材家居经销商42章经 王庆云　著	经营管理的心法和战法，帮助经销商成为“业务妙手”和“管理能手”

续表

书名	内容	书名	内容
成为最赚钱的家具建材经销商 李治江　著	针对建材家居行业的经销商，从销售模式、产品、门店、市场等方面给出方法		
三、建材家居企业			
定制家居黄金十年 韩　锋　翁长华　著	对中国定制家居行业20年发展历程深度、系统、专业的解读	**建材家居营销：除了促销还能做什么** 孙嘉晖　著	探索家居建材行业营销的革命，回顾和思考来发现行业“营销天花板”的突破口
建材家居营销实务：新环境、新战法 程绍珊　杨鸿贵　著	针对建材家居市场特点提出以客户价值为基础的整体营销价值链		
零货·超市·百货			
新零售进化路径 李政权　著	预先复盘新零售及商业的未来，找到方向	**新零售　新终端** 迪智成　著	将新零售系统打法做梳理并落地在新终端建设上
移动互联下的超市升级 联商网　著	超市未来的发展趋势，对社区超市、生鲜、全渠道建设、O2O等提出观点	**百货零售全渠道营销策略** 陈继展　著	零售行业的竞争重点、行业本质，战略转型、未来趋势、经验和案例
超市卖场定价策略与品类管理 IBMG集团　著	零售企业的市场拓展与商品定位、商品结构与商品陈列、毛利分析与库存分析	**连锁零售企业招聘与培训破解之道** IBMG集团　著	围绕零售企业组织架构、培训体系建设等内容进行深刻探讨
总部有多强大，门店就能走多元 IBMG集团　著	五大方向综合阐述连锁零售企业总部如何提升管理能力	**三四线城市超市如何快速成长：解密甘雨亭** IBMG集团　著	甘雨亭的许多关键经营指标均高于行业标准，学习其成功的方法
中国首家未来超市：解密安徽乐城 IBMG集团　著	对乐城超市的掌门人及内部员工的采访详细阐释了乐城的经验	**零售：把客流变成购买力** 丁　昀　著	通过大量的实际案例对中国零售业态的升级转型之路提出思考
餐饮·服装·影院			
餐饮新营销 杨　勇　程绍珊　著	聚焦餐饮企业转型，系统的餐饮企业营销管理体系	**电影院的下一个黄金十年** 李保煜　著	介绍了中国电影产业的运作模式以及电影院的开发、设计思路
餐饮企业经营策略第一书 吴　坚　著	阐述餐饮企业产品之道、市场之道、顾客之道及盈利之道	**赚不赚钱靠店长，从懂管理到会经营** 孙彩军　著	注重专卖店的经营思路拓展，门店管理细节方面能力提升
农牧业			
一、农资			
饲料营销有方法 陈石平　著	饲料营销的7大核心命题	**农资营销实战全指导** 张　博　著	深度营销在农资市场行之有效的营销策略和工具
新农资如何弯道超车 刘祖轲　著	从农业产业化、互联网转型、行业营销与经营突破		

续表

书名	内容	书名	内容
二、农牧企业			
中国牧场管理实战 黄剑黎　著	牧场管理标准、管理制度、操作规程做出剖析和指引	**中小农业企业品牌战法** 韩　旭　著	农业企业需要全产业链视野，更需要品牌实战方法
变局下的农牧企业9大成长策略 彭志雄　著	为农牧企业量身打造了9个立足现在、展望未来的成长策略	**农产品营销实战第一书** 胡浪球　著	针对33个农产品营销的核心问题提供具体招数
地产·汽车			
一、地产			
中国城市群房地产投资策略 吕俊博　刘　宏　著	挖掘主要城市群的现状特征、发展因子、演化趋势、竞争关系等，给出分析建议	**产业园区/产业地产：规划、招商、实战运营** 阎立忠　著	认知、规划、招商、运营四方面系统解读产业园区的建设精要和运营技巧
人文商业地产策划 戴欣明　著	“全球化视野（创意）”+“人文+”思维		
二、汽车			
商用车经销商运营实战 杜建君　著	对商用车经销商的经营与管理、4S店运营做了全方面的系统总结	**汽车配件这样卖** 俞士耀　著	适合轮胎、机油、维修、快保、美容、洗车等汽车服务业态销售实操办法
润滑油销售：这样说，这样做更有效 张金荣　著	总结润滑油销售面对三大客户常遇到的200余个营销问题解决方法		
投资理财·收购资本			
交易心理分析 马克·道格拉斯 【美】　著	一语道破赢家的思考方式，并提供了具体的训练方法	**财报背后的投资机会** 蒋　豹　著	零基础轻松掌握财务报表的相关知识，快速入门
写给企业家的公司与家庭财务规划 周荣辉　著	以企业的发展周期为主线，写各阶段企业与企业主家庭的财务规划	**分股合心** 段　磊　周　剑　著	围绕股权激励，详细介绍相关知识和实行方法
成功并购300问 浩德并购军师联盟　著	系统学习资本运作和企业并购知识的金融工具书	**并购名著阅读指南** 叶兴平　著	全球5000多本并购图书中精选200本并进行评价
阿米巴			
阿米巴经营的中国模式 李志华　著	基于阿米巴经典理念提出了适合中国本土的员工自主经营的“1532”模型	**集团化企业阿米巴实战案例** 初勇钢　著	作者在某酒厂推行阿米巴经营模式的心得
中国式阿米巴落地实践之激活组织 胡八一　著	划分原则、裂变与整合、组织管控、重新定位、巴长竞聘和组阁	**中国式阿米巴落地实践之从交付到交易** 胡八一　著	从6个方面阐述经营会计，从交付到交易是成功实施阿米巴的标志
中国式阿米巴落地实践之持续盈利 胡八一　著	企业做平台、平台做成阿米巴、阿米巴做成合伙制		

续表

人力资源管理			
一、绩效·薪酬			
书名	内容	书名	内容
回归本源看绩效 孙　波　著	从目的和概念帮助企业梳理绩效管理与经营的关系	**走出薪酬管理误区** 全怀周　著	7个常见薪酬误区入手为企业提供一套系统解决方法
曹子祥教你做绩效管理 曹子祥　著	作者核心授课课程的还原，掌握绩效管理的核心内容	**曹子祥教你做激励性薪酬设计** 曹子祥　著	作者28年咨询经验总结，如何进行科学的薪酬体系设计
二、招聘·面试·培训			
把招聘做到极致 远　鸣　著	多年人力资源资深招聘经理多年工作心得提炼	**把面试做到极致** 孟广桥　著	一套实用的确定岗位招聘标准、提升面试官技能方法
人才评价中心漫画版 邢　雷　著	用漫画形式写成的人才测评专业书籍	**世界500强资深培训经理人教你做培训管理** 陈　锐　著	从构建培训体系、培训组织、培训文化、开发培训资源教你做培训管理
三、HR高管·劳动法			
经营型HRD 黄渊明　著	总结企业HRD如何支撑企业经营成功抓好七件关键事情	**人才供应链：实现高绩效均衡的人才管理模式** 许　锋　著	打造人才供应链的四大支柱，十项修炼的完整体系
新任HR高管如何从0到1 新　海　著	到互联网创业型企业担任HRVP，从0到1建立较完善的HR体系	**人力资源体系与e－HR信息化建设** 刘书生　陈　莹 王美佳　著	6大框架、28个关注点、5大目标、6大优势、166个交付物咨询体系和盘托出
集团化人力资源管理实践 李小勇　著	针对集团型企业人力资源管理急问题，提出科学建议	**我的人力资源管理笔记** 张　伟　著	第三方咨询视角跳出“技术方法”看人力资源管理
人力资源的5分钟劳动法 李皓楠　著	入职管理、在职管理、离职管理中遇到的劳动法问题及应对		
四、HRBP			
HRBP是这样炼成的之菜鸟起飞 黄渊明　著	作者在初步转型HRBP两年时间里摸索实践的亲身经历与总结	**HRBP是这样炼成的之中级修炼** 黄渊明　著	结合作者亲身从事HRBP的工作经历，总结HRBP的作战故事
HRBP高级修炼 黄渊明　著	故事方式，HRD角度深度呈现运用HRBP的思维、方法		
企业文化			
企业文化落地本土实践 王祥伍　著	华夏基石“知信行”模型描绘企业文化落地路线图	**企业文化的逻辑** 王祥伍　著	从文化起源深刻剖析文化、效率、企业、企业文化联系
企业文化定位·落地一本通 王明胤　著	企业文化理念传播和落地聚焦的17种方法，解读了近100个实战案例	**36个拿来就用的企业文化建设工具** 海融心胜　著	汇集整理了36个通用的企业文化实践工具

续表

书名	内容	书名	内容
企业文化激活沟通 宋杼宸　安　琪　著	系统阐述沟通与企业文化的关系，给予企业提升沟通效能的企业文化解决方案	**企业文化建设超级漫画版** 邢　雷　著	用漫画形式写成的企业文化建设专业书籍，理论体系和29个具体的操作方法
在组织中绽放自我 朱仁建　著	个人与组织之间的关系，文化对组织化形成的影响		
流程管理			
营销·研发·供应链业务架构与流程管理 谭勋晖　著	对营销、研发、供应链这三大业务流程变革实践经验总结	**打造集成供应链** 王春强　著	第一用力在“集成”上，梳理内外部各相关模块及其依赖关系
人人都要懂流程 金国华　余雅丽　著	50幅流程管理漫画，内部对流程价值理念的高度共识	**用流程解放管理者** 张国祥　著	8个板块构成，共66篇文章，14幅流程管理图
用流程解放管理者2 张国祥　著	对中小企业规范化流程管理进行系统的阐述	**跟我们学建流程体系** 陈立云　罗均丽　著	在《跟我们做流程管理》基础上丰富了标杆实践案例
16949质量管理体系落地与全套文件汇编 谭洪华　著	对IATF16949每个条款讲解采用理解、作用、落地、模板、成功案例四个模块解析	**ISO9001：2015制造业文件模板全集** 贺红喜　著	五篇内容组成的完整的质量管理体系工具文件
精益质量管理实战工具 贺小林　著	四个方面对精益质量管理进行了全方位介绍和解读，并提供大量方法工具	**五大质量工具详解及运用案例** 谭洪华　著	APQP、FMEA、MSA、SPC、PPAP这五大质量工具的具体运用
IATF16949质量管理体系详解与案例文件汇编 谭洪华　著	针对IATF16949的标准原文做详细解说，同时提供大量表单案例	**SA8000：2014社会责任体系认证实战** 吕　林　著	将SA8000多版本及10多年的体系实战经验汇编成书
ISO9001：2015新版质量管理体系解读与案例文件汇编 谭洪华　著	ISO9001：2015新版标准理解和运用操作进行详细解读	**ISO14001：2015新版环境管理体系解读与案例文件汇编** 谭洪华　著	ISO14001：2015改版后的差别和操作运用进行详细讲解
精益生产			
一、精益·JIT·IE			
精益思维 刘承元　著	作者二十余年企业经营和咨询管理的经验总结	**比日本工厂更高效** 刘承元　著	管理提升无极限+超强经营力+精益改善里的成功实践
计划与物流精益改善之道 于晓光　著	围绕“计划与物流战略咨询的方法论”进行解析，提供方法论和案例	**300张现场图看懂精益5S** 乐　涛　著	通过日本丰田、上市企业案例，用300张现场图系统讲解5S管理
3A顾问精益实践1：IE与效率提升 党新民　苏迎斌 蓝旭日　著	系统、全面地介绍IE工厂管理技术，提高效率创造价值	**3A顾问精益实践2：JIT与精益改善** 肖智军　党新民　著	系统、全面地介绍JIT生产方式，并加入实践案例
高员工流失率下的精益生产 余伟辉　著	从三方面论述推行精益管理时如何应对员工流失		

续表

书名	内容	书名	内容
二、生产管理			
化工企业工艺安全管理实操 黄　娜　著	围绕化工工艺安全 14 要素来展开分析	手把手教你做专业生产经理 黄　娜　著	生产经理如何在信息流、物流、资金流三大流中开展工作
欧博心法：好工厂　靠管理 曾　伟　著	从管人篇和管事篇帮助读者解决人难管、事难控	欧博工厂案例 1：生产计划管控对话录 曾　伟　曾子豪　著	工厂管理生产计划管控模块的 8 个全景细节大案例
欧博工厂案例 2：品质技术改善对话录 曾　伟　曾子豪　著	工厂管理品质、技术、效率管理模块的 10 个全景细节大案例	欧博工厂案例 3：员工执行力提升对话录 曾　伟　曾子豪　著	工厂管理人员管控模块的 5 个全景细节大案例
工厂管理实战工具 曾　伟　著	中国传统文化指导下的工厂管理工具		
全能型班组：城市能源互联网与电力班组升级 国网天津电力公司　著	从互联网时期的班组转型升级出发，对新型班组组织模式和运行机制进行设想	国网天津电力全能型班组建设实务 国网天津电力公司　著	聚焦天津电力公司在探索全能型班组转型升级时的优秀实践
车间人员管理那些事儿 岑立聪　著	小事入手把基层车间管理者头疼的事务打包解决		
咨询·培训师			
培训师事业长青之道 廖信琳　著	培训师自我管理的“洋葱模型”，十项内容与五个层级	管理咨询师的第一本书 熊亚柱　著	深度剖析初级入行咨询师在工作中会遇到的问题
资深管理咨询顾问工作心得 张国祥　著	使用手册讲述咨询师如何操作项目，老板如何选择咨询师，企业如何自主落地	手把手教你做顶尖企业内训师 熊亚柱　著	从开、控、收、编、制、用的角度去践行培训师的职责
TTT 培训师精进三部曲上 廖信林　著	手把手教您“深度改善现场培训效果”的一招一式	TTT 培训师精进三部曲中 廖信林　著	建构一整套培训课程设计与开发的认知架构和方法体系
TTT 培训师精进三部曲下 廖信林　著	通过“沉淀职业功力的六度模型”，帮助培训师在职业技能上的持续精进		
产品·研发			
研发体系改进之道 靖　爽　陈年根 马鸣明　著	取材数十家企业研发改进的咨询实践，提炼一套实操的改进步骤与工具	新产品开发管理，就用 IPD（升级版） 郭富才　著	把产品经营的思想凝结在新产品开发管理机制中，升级版更丰富
产品开发管理：方法·流程·工具 任彭枞　著	结合超过 300 家企业的实际研发管理方法，总结问题和方法，大量表格	资深项目经理这样做新产品开发管理 秦海林　著	采用过程管理方法，对新产品开发的四大过程进行分析，主要针对小电器产品
产品炼金术Ⅰ：如何打造畅销产品 史贤龙　著	如何打造畅销产品的四个方法	产品炼金术Ⅱ：如何用产品驱动企业成长 史贤龙　著	经营者视角重新认识产品，对产品现状快速诊断
中东历史与现状二十讲 黄民兴　著	对中东几千年的历史和动荡的现状进行了一个白描	非暴力抵抗的诞生 甘　地　著	甘地南非 21 年为印度侨民争取政治权利的艰苦历程

续表

书名	内容	书名	内容
中国古代政治制度上：皇帝制度与中央政府 刘文瑞　著	探究中国古代政治制度的规则和机制，论证古代皇帝制度的形成和演变历程	**中国古代政治制度下：地方体制与官僚制度** 刘文瑞　著	探究中国古代政治制度的规则和机制，论证古代地方政府的发展演变过程
两晋南北朝十二讲 李文才　著	分12个专题对两晋南北朝的历史进行阐述	**每个中国人身上的春秋基因** 史贤龙　著	透过真实的春秋历史，看到人性里的黑暗与光明、卑劣与高尚
二、哲学			
车过麻城·再晤李贽 张再林　著	用游记的方式，展示李贽独到的学术眼力和理论建树	**王阳明万物一体论** 陈立胜　著	“万物一体”是王阳明思想的基本精神。大人者，能与天地万物为一体
自我与世界：以问题为中心的现象学运动研究 陈立胜　著	对现象学运动之中的“意向性”“自我”“他人”“身体”及“世界”进行深入分析	**作为身体哲学的中国古代哲学** 张再林　著	对中国古代哲学之性质内容给予一种全新的理论解读
中西哲学的歧义与汇通 张再林　著	揭示中西哲学“你中有我，我中有你”之旨		
三、传统文化			
与老子一起思考·道篇 史贤龙　著	一本将《老子》思想本义、思想价值、思想史地位、文明史意义讲透的著作	**与老子一起思考·德篇** 史贤龙　著	考、释、译、论四个方面的工作对《老子》进行解读
国富策：读管子知天下财富 翟玉忠　著	《管子》轻重十六篇为核心的轻重术，深刻阐发并从中汲取有益时代的经验教训	**说服天下：鬼谷子的中国沟通术** 翟玉忠　著	为纵横家正名，对纵横术进行了系统总结
中国商道 翟玉忠　著	对中国先秦和明清时期商业典籍系统整理和诠释	**梁涛讲孟子之万章篇** 梁　涛　著	对《万章》的讲解通俗、富有新意
中国思想文化十八讲 张茂泽　著	中国宗教文化课程10年基础上撰写而成，介绍中国古代宗教思想	**孔门心法，中道而行：史幼波中庸讲记** 史幼波　著	史幼波讲的《中庸》提炼出中华传统心性之学的精髓
大学之道，圣学纲目：史幼波大学讲记 史幼波　著	史幼波讲的《大学》帮助我们在自己身上找到一个精神的皈依处	**史幼波《周子通书》《太极图说》讲记** 史幼波　著	根据史幼波围绕这两篇儒学经典的系列讲座整理而成
四、书法·太极·教育·英语			
跟陈忠建学写名家书法Ⅰ 陈忠建　著	用视频跟陈忠建学名家书法之楷书·行书	**跟陈忠建学写名家书法Ⅱ** 陈忠建　著	用视频跟陈忠建学名家书法之隶书·楷书·行书
郑子太极拳理拳法 杨竣雄　著	作者14岁入郑子太极之门，用故事性的方式讲述教学	**内功太极拳训练教程** 王铁仁　著	训练方法及练习，用内气演练过程予以详析，有视频
别让你的执着毁了孩子 廖信林　著	复盘与孩子互动过程中的关键时刻，有效的亲子教育	**像美国人一样讲话** 马方旭　著	美国最常用的800句习惯用语搭配场景例句，有视频